Diogenes Taschenbuch 250/25

Friedrich Dürrenmatt

Werkausgabe
in dreißig Bänden

Herausgegeben
in Zusammenarbeit
mit dem Autor

Band 25

Friedrich Dürrenmatt

Kritik

*Kritiken
und
Zeichnungen*

Diogenes

Umschlag: Detail aus ›Blanka, Philipp II., Dauphin und
Kardinal. Kardinal meldet den Franzosen, König Johann sei
vergiftet‹ von Friedrich Dürrenmatt.
Nachweis der einzelnen Texte am Schluß des Bandes.
Die Texte wurden für diese Ausgabe durchgesehen und
korrigiert. Redaktion: Franz Cavigelli.

Berechtigte Lizenzausgabe mit freundlicher Genehmigung
der Verlags AG ›Die Arche‹, Zürich
Alle Rechte an dieser Edition vorbehalten
Diogenes Verlag AG Zürich, 1980
120/80/8/1
ISBN 3 257 20856 1

Inhalt

Kritiken

Die Freier

Lustspiel von Eichendorff
1947

Vielleicht der einzige Ausgangspunkt einer Theaterkritik, die mehr als der Ausdruck eines zufälligen Empfindens sein möchte, ist der, daß untersucht wird, wie sehr die Aufführung das Kunstwerk wiedergibt und wie sehr etwas anderes daraus gemacht wird. Es ist wichtig, daß Romantik Romantik bleibt und sich nicht in ein naturalistisches oder expressionistisches Drama verwandelt, oder umgekehrt. Gegen dieses Gesetz ist viel in unserer Zeit gesündigt worden, aber es wird ja überhaupt viel gesündigt. Wir haben eine richtige Interpretation der Dinge nötig. Es gibt auch Meyerhofers der Kunst. Es macht daher Freude, Aufführungen wie die der *Freier* zu sehen, welche die Sünden unserer Zeit nicht mitmachen. Es ist möglich, daß ein solches Theater daher unzeitgemäß genannt wird; wir hoffen, viele unzeitgemäße Stücke zu sehen. Es kam nichts in den *Freiern* vor, was in unserer Zeit vorkommt, außer dem Durst und dem Heiraten. Es war alles da, was sich einer unter Romantik vorstellt, bevor er Literatur studiert. Es war sogar mehr Romantik als in zeitgemäßen Filmen aus Amerika, nur war das Wunderbare, daß sie keinen Augenblick kitschig wirkte. Wie fast alle romantischen Stücke zerfallen die *Freier* in poetische und groteske Szenen. Zum Glück hatte das Schiff einen erfahrenen Kapitän. Es war die Sorge der

Regie, zwischen dem Romantischen und dem Grotesken hindurchzulenken, wobei sie noch darauf achten mußte, daß die beiden Ungeheuer einander nicht verschlucken. Sie haben sich nicht verschluckt. Horwitz wußte elegant zu steuern, meisterte die zahlreichen Gefahren sicher und erreichte eine große Geschlossenheit, was aber nicht auf Kosten der vielen lockeren Dinge ging, welche den Wert dieses Lustspiels ausmachen. Die gute Luft, die in diesem Stücke weht, bewirkte die Heiterkeit der Zuschauer, es wurde viel geklatscht. Die Zuschauer hatten recht, es war eine außergewöhnliche Aufführung. Die Besetzung verdient ein Gesamtlob. Sie bestand aus lauter Hauptrollen. Besonders hervorheben möchten wir neben dem durstigen Paar Gallinger-Knapp und dem poetischen Grafen Kohlund besonders Willy Volker, der jene Gestalt des Stückes gab, die am meisten von Eichendorff an sich hatte, und Alfred Schlageter, in welchem die Synthese zwischen der grotesken und poetischen Welt lag, was nur durch den großen Charme dieses Künstlers möglich wurde, wobei ihm neben seiner Flöte auch das wackere Pferd Max Sulzbachners, des Bühnenbildners, mithalf.

Die Märtyrer

Drama von Albert Steffen

1947

Das Schauspiel in Basel nimmt einen großen Aufstieg. Die Aufführungen haben Stil. Man wagt sich an große und schwere Aufgaben. Man hat sich auch an einen Steffen gewagt. Das ist nicht eine große, aber eine schwere Aufgabe. Es heißt, eine Schlacht zu schlagen, die schon verloren ist. Es heißt, auf einem Posten auszuharren, der schon aufgegeben worden ist. Horwitz, Winter, Gallinger, Bachmann, Kohlund, Meyer, Wicki, Münch, Duvoisin und alle andern sind die großen Toten der Schlacht. Ehre ihrem Angedenken: Sie werden wiederkehren. Gegen ein Steffen-Drama ist kein Kraut gewachsen, auch wenn der Kraut gut ist. Kraut war sogar sehr gut. Nur reichte das Stück nicht an seine Regie heran. Das Stück war peinlich. Schlechte Kunst ist immer peinlich. Unser Urteil ist hart, aber wir haben in der Uraufführung gelitten. Der Schmerz stählt. Wir möchten den Dramatiker aus dem Steffen schneiden. Steffen ist ohne Zweifel ein Dichter und ohne Zweifel kein Dramatiker. Er versagt im Wort. So hören wir nur Worte, und uns fehlt der Glaube. Steffen hat gute Gedichte geschrieben und sehr gute Prosa geschrieben. Dieses mein Urteil wiegt meine ganze Kritik auf. In seinen kleinen Mythen zeigt er, was er kann. Ernst Jünger daneben zeigt in seinem Buch *Das abenteuerliche Herz,* was er nicht kann. Aber ein solcher Dichter braucht keine Dramen zu schreiben. Es geht mir nicht um Anthroposophie. Ich sehe nicht ein, warum ein Anthroposoph ein schlechter Dramatiker sein soll, ebensowenig, warum er ein guter Dramatiker sein soll. Es geht mir darum, daß die *Märtyrer* in Jamben geschrieben sind. Man hüte sich vor Jamben. Man nehme lieber Gift. Es braucht eine ungeheure dramatische Substanz dazu. Die Warnung wurde in den Wind geschlagen. Der Wind hat sich gerächt, und die Worte wurden verweht. Die Aufführung hatte Erfolg. Ein Bundesrat hört keine schlechten Verse. Auch Dr. Max Huber war da, und der Dichter war da. Alles war da, nur die Dichtung fehlte. Der Inhalt des Stückes kreist um das Rote Kreuz, deshalb der Dr. Max Huber. Er kreist um den Krieg, deshalb der Kobelt. Er kreist um die Anthroposophie, deshalb der Dichter. Ich will nicht um den Inhalt kreisen. Ich bin auch mit dem Aufruf an das Schweizervolk von Albert Steffen und Dr. Emil Anderegg einverstanden, aber man braucht dazu nicht ein Drama zu spielen. Man lasse auch in edlen Dingen Menschlichkeit walten. Ich will um die Kunst kreisen. Um einen Brei, den die Katze nicht frißt, weil er schlecht gekocht ist. Das Wunder durch das Wort blieb aus, aber man hat sich gewundert. In der Kunst gibt es keinen Pardon, ich stoße zu.

Die Zeit des Glücks

Lustspiel von Marcel Achard

1947

Die schauspielerischen Leistungen waren erfreulich. Friedel Wald und Leopold Biberti spielten das Ehepaar Lesparre mit äußerst einfachen Mitteln. Die schönste Leistung bot Ernst Ginsberg, der gleich drei Personen darstellte. Wir sind dankbar, diesen Künstler einmal in einer echt komödiantischen Rolle gesehen zu haben. Ebenfalls fielen Margrit Winter und Gallinger auf, sie verjüngten sich während drei Akten, in zwei verschiedenen Rollen trat auch Elvira Schalcher auf. Ganz hervorragend gefiel uns Kurt E. Heyne als Kammerdiener. Wir nennen hier nur Rollen, die den Schauspielern die Möglichkeit gaben, sich entweder in verschiedene Personen zu zerlegen oder sich in verschiedenen Altersstufen zu zeigen. Der Reiz des Stückes liegt in dieser Möglichkeit, je mehr sie wahrgenommmen wird, desto stärker ist die Wirkung der Komödie. Es ist eine Komödie für Schauspieler. Daneben ist das Stück ein Beweis, daß ein glücklicher Theatereinfall ein schwaches Stück retten kann. Der Einfall Achards war, mit dem Ende zu beginnen und mit dem Anfang aufzuhören. Die Komödie beginnt 1939 und endet 1889. Wir wissen nicht, was aus dem Abend geworden wäre, wenn Achard diesen Einfall nicht gehabt hätte. Der Taktiker Achard hat über den Künstler Achard gesiegt. Wenn wir auch das Stück nichts Beson-

deres finden, so läßt sich doch dessen Aufführung über-
zeugend rechtfertigen. Es ist ein sauberes Stück und ein
leichtes Stück, und die sauberen und leichten Stücke sind
heute eben selten. Hoffen wir, es komme eine Zeit, wo
wir nicht zu einem Achard greifen müssen. Man muß aus
Frankreich das Gute nehmen: Ein Achard ist besser als
zehn Sartre: Das ist ein Glaubensbekenntnis, hier steh'
ich und kann nicht anders.

Hamlet

Tragödie von Shakespeare
1947

Die Basler Inszenierung des *Hamlet* ist eine Tat. Sie ist eine Tat der Interpretation, die Horwitz einem der größten aller menschlichen Werke gab. Wir dürfen sagen, daß Horwitz die Handlung des *Hamlet* wiederentdeckte, deren vollkommene Sichtbarkeit erreicht wurde. Es ist nicht zufällig, daß die Schlußszene so gewaltig hervortrat, während etwa die Wahnsinns-Szene Ophelias nur Episode blieb. Dies lag nicht in der Kunst Margrit Winters, sondern die Ophelia-Szene hatte nur ihre Einordnung dem Grade ihrer Wichtigkeit nach erhalten. Horwitz zeichnete sich vor allem durch die richtige Akzentuierung aus, und er arbeitete mit den einfachsten Mitteln. Er strich fast nichts. Er stellte die Schauspieler vor eine graue Wand, nützte den Raum vollendet und ließ meistens im grellsten Licht spielen. Farbe gaben nur die Kostüme und das wenige, mit dem Otto die Bühnenbilder gestaltete. Dennoch war die Aufführung farbig. Die Bühnenbilder sind die besten, die wir je gesehen haben. Sie beruhten auf wenigen Prinzipien und erreichten ihre Höhe in der Schlußszene. Das Ensemble gab das letzte her, das es geben konnte; besonders möchten wir nur den Geist Schlageters erwähnen. Unter diesen Umständen konnte sich die Absicht des Regisseurs durchsetzen. Das ungeheure Gefälle wurde deutlich, das in diesem Stück liegt. Vor allem gab es keinen Gegensatz zwischen der Handlung des Stückes und dem Charakter Hamlets. Hier liegt das Revolutionäre in der Basler Aufführung: Die Handlung hatte eine logische Unerbittlichkeit. Diese konnte nur dann erreicht werden, wenn sich die Möglichkeit dazu im Wesen Hamlets selber bot. Das romantische Hamlet-Ideal des Träumers, der zu schwach ist, um zu handeln, und der dennoch handeln muß, konnte nur ein Aneinanderreihen von verschiedenen Handlungen geben, aber keine einheitliche Handlung. Der Basler Inszenierung mußte daher ein neues Hamlet-Bild zugrunde liegen. Diesen neuen Hamlet bot Ernst Ginsberg. Es ist ein seltener Glücksfall, daß zu diesem Regisseur dieser Hamlet kam. Ginsberg interpretierte den Hamlet als Tragödie dessen, der überwach ist oder, noch extremer formuliert, als die Tragödie des vollkommenen Menschen des Barock, der nicht harmonisch ist, sondern dämonisch. In Hamlet liegt mehr von einem Verbrecher, als die Schulweisheit sich träumen läßt. In Hamlet liegt das Abgründigste und das Verzweifeltste, das je über den Menschen gesagt worden ist. Es liegt viel vom Zorn Gottes darin. Es ist nicht zufällig, daß Hamlet von einem Geist das Wissen um ein Verbrechen empfängt, das er im Grunde den anderen Menschen gar nicht beweisen kann, gerade weil er es auf so übernatürliche Weise empfangen hat. Sein Wissen kommt vom Jenseits. Und die, welche dieses Wissen nicht haben, sterben ohne daß sie eigentlich wissen warum. Und es ist nicht zufällig, daß Hamlet seine Feinde töten will, ohne ihnen Gelegenheit zur Beichte zu geben: Sein Gericht hat viel von einem Jüngsten Gericht. Dies war es, was Ginsberg gestaltete, gleich an Kunst wie an geistiger Überlegenheit, ungeheuerlich in seinen Ausbrüchen des Ekels, groß in seiner Menschlichkeit, abgründig in seinem Witz, spielte er mit einer unerbittlichen Direktheit.

Der Doppeladler

Schauspiel von Jean Cocteau

1947

Das äußere Unglück, das diesem Stück Cocteaus in Basel widerfahren ist, besteht darin, daß es dem Hamlet folgte. Man wäre geneigt, zu sagen, ein modernes Theaterstück könne nicht mit einem alten verglichen werden, aber dieser Einwand fällt dahin, da nach Cocteaus eigenen Worten der *Doppeladler* ein altes, aktives Theaterstück sein will, nicht ein Theater der Worte und der Inszenierung. Diese Legende erwies sich durch die Nähe Hamlets als unwahr. Der *Doppeladler* ist ein modernes Theaterstück. Er tut nur so. Er ist ein Ozean von einem Geschwätz. Wir übersehen nicht einige einsame Gipfel in der Flut, aber die Wasser nahmen zu. Dem Zauberlehrling versagten die Instrumente. Der Abend war voll Ironie: Auf der Bühne wurde aus Hamlet vorgelesen. Und jene große Künstlerin, die wir noch immer als Penthesilea in Erinnerung haben, spielte in einem Stück die Hauptrolle, von dem Cocteau schreibt, es sei im Zeichen Kleists geschrieben. Der *Doppeladler* widerlegte sich selbst. Er ging auf ins Nichts. Wir wissen, Cocteau ist nur in französischer Sprache möglich. Er hätte nicht übersetzt werden sollen. Man soll der deutschen Sprache ihre Vorteile lassen.

Bernarda Albas Haus

Schauspiel von Federico Garcia Lorca

1947

Dieses Frauenstück des bekannten Spaniers wäre ungenießbar, wenn es nicht ins Dichterische reichen würde. Da sich dieser Vorzug im Verlauf der Handlung zeigt, wurde der Abend erfreulich. Das Spiel überzeugt durch sich selbst. Ist sein Milieu fremd, so erweist sich immer mehr, wie viel Allgemeingültiges in diesem Lorca ist. Der Gegenstand des Schauspiels ist das Erotische. Er ist nur von der Frau aus gesehen und daher unendlich. Eine Unendlichkeit, der alles verfallen ist. Nur von diesem Gesichtspunkt aus läßt sich die Ungeheuerlichkeit der Bernarda Alba begreifen und jene Wahnsinnige darstellen, welche die schönste Gestalt des Dramas ist. Sie hat viel von einer reinen Dichtung. Die Vorzüge dieses Lorca werden bei einer weniger guten Inszenierung wieder verschwinden. Ist der Gegenstand eines Stückes ausschließlich die Sinnlichkeit, so ist die Bewegung wichtiger als das Wort, die Inszenierung wichtiger als das Stück. Der Trieb geht nie in Worte auf. Entscheidend wird sein, ob die Inszenierung den Gestalten die Dichte geben kann, die sie durch das Wort allein nicht haben können. Allgemeines ist nur durch äußerste Plastik zu erreichen. Dies ist dem Regisseur Ginsberg gelungen, es ist nur die Frage, wie vielen es gelingt. Durch Ginsberg bekam das Stück viel Archaisches. So wurde die Stoßkraft des Stükkes erhöht, denn jede Gestalt ließ sich auf die Sinnlichkeit zurückführen, die, vollständig unpsychoanalytisch aufgefaßt, einfach da war wie eine Naturkatastrophe (ein Gegenstück zur lächerlichen Papiererotik des *Doppeladlers*). Sehr gut waren in dieser Beziehung die Bühnenbilder Gunzingers. Die Darstellung war auf einer hohen Stufe, Therese Giehse und Margrit Winter durch ihre Kunst die hervorragenden Gestalten.

Anmerkung zu Schillers ›Räubern‹

1948

Wichtig an Karl und Franz ist vor allem, daß sie Brüder sind. Von dieser Beziehung her sind sie zu beleuchten. Es handelt sich um eine Urbeziehung wie die des Vaters zum Sohn. Wir schließen hier die Beziehung Mann-Weib oder die des Freundes zum Freund aus, denn diese Beziehungen sind das, was sie sind, Beziehungen zwischen den Menschen. Die Beziehung Vater-Sohn ist aber mehr, sie ist auch ein Gleichnis zu der Beziehung Gott-Mensch, Schöpfer-Geschöpf. Dies ist die Urbeziehung, die Beziehung, die am Anfang steht, mit der die Bibel beginnt, mit der die Zeit beginnt, mit der aber auch das Drama beginnt. Zu Gott und Adam treten jedoch Kain und Abel, der Jüngere zum Älteren. Die Beziehung des Bruders zum Bruder ist nur durch den Vater da, die Beziehung des Bruders zum Bruder ist nur möglich, weil in ihr die Beziehung Vater-Sohn nicht aufgehoben ist. Indem aber ein Bruder zum Bruder tritt, weist die Beziehung Vater-Sohn ein neues und entscheidendes Moment auf: Die Beziehung Vater-Sohn ist nicht umkehrbar, sie ist nicht gleich der Beziehung Sohn-Vater: Ein Sohn hat nur einen Vater, aber ein Vater mehrere Söhne. Ein Sohn ist durch den Vater bestimmt, aber ein Vater nie durch einen Sohn allein, sondern durch alle seine Söhne; es müßte denn der Sohn der Vater sein.

Doch auch in der Beziehung des Bruders zum Bruder

liegt ein besonderes Moment, jenes, das den Kain zum
Kain und den Abel zum Abel macht. Ohne dieses
Moment wären sie nur so verschieden, wie die Eins von
der Zwei verschieden ist, allein durch ihre Position in der
Zeit. Dieses Moment liegt darin, daß sie beide eine
andere Beziehung zum Vater haben, zu Gott. Oder
anders gesprochen, dieses Moment ist die Gnade, die der
eine hat und die dem andern fehlt. Erst durch die Gnade
gibt es Individualität, kann die Zwei vor der Eins sein,
wie Abel vor Kain ist, der Jüngere vor dem Älteren. Hier
liegt die dialektische Möglichkeit der Feindschaft zwischen Kain und Abel.

Diese Überlegung ist einfach und summarisch, sie
umreißt das Problem wie eine flüchtige Skizze, die wir
entwerfen, um uns verständlich zu machen. Wir würden
sie vielleicht überall da machen, wo von Brüdern die
Rede ist, gerade von zweien, auch dort, wo zwischen
ihnen nicht der Haß, sondern die Liebe steht, wir denken
etwa an die Brüder Walt und Vult in Jean Pauls *Flegeljah-
ren,* denn auch von ihnen ist nur einer der Begnadete.

Auch glauben wir Schiller keinen Zwang anzutun,
wenn wir zuerst von Kain und Abel geredet haben.
Schiller denkt in den Räubern noch ganz in biblischen
Vergleichen, und er schrieb sie zu einer Zeit, in der man
noch Klopstock las. Er vergleicht den alten Moor mit
Jakob, die Gerichtsvision des Franz ist aus der Apokalypse, Daniel bezeichnet sich selbst als Elieser usw.

In der Beziehung Franz-Karl liegt immer der Vater,
der, wie Gott den Abel, Karl mehr liebt. Wie Kain haßt
Franz den Bruder. In der Bibel steht nur, daß Kain ein
Ackermann und Abel ein Schäfer gewesen sei und daß
Gott nur das Opfer des Abel gnädig aufgenommen habe,

der fromm war. Kain ist unfromm und tötet aus Neid, weil er die Gnade nicht hat. Das läßt sich auch von Franz sagen, aber dennoch ist Franz nicht gleich Kain. Zwar ist auch Franz nicht fromm, aber er ist auch der Benachteiligte, der Häßliche. Schon darin liegt eine wichtige Tatsache, daß Franz im Gegensatz zu Kain der Zweitgeborene ist, daß alles Recht bei Karl, dem Bruder, liegt. Karl ist der Held und Franz der Schurke, Franz heißt die Canaille. Dieses Wort des Schweizer hat ihn für immer abgestempelt. Der Gegensatz Karl-Franz ist größer als der Gegensatz Kain-Abel und darum auch flacher. Zwischen Kain und Abel steht allein die Gnade Gottes. Das Vorbild zu Franz ist eindeutig Shakespeares Richard der Dritte. Schiller versucht, den Richard mit Franz zu übertreffen, etwa so, wie in den unmöglichen Faustdramen Klingemanns und Grabbes versucht wird, Goethes Mephistopheles durch einen wirklichen Teufel zu übertreffen. Aber reine Teufel wirken nicht mehr, denn es ist eine alte Theaterregel, daß man nie ungemischte Charaktere auf die Bretter stellen darf. In Wirklichkeit ist jedoch der Gegensatz Franz-Richard anders.

Der Unterschied zwischen den beiden ist im wesentlichen in den Anfangsmonologen des Richard und des Franz enthalten. Beide stehen dort den gleichen Tatsachen gegenüber, aber Richard begründet seinen Vorsatz nur, er rechtfertigt ihn nicht: Weil er so ist, will er so handeln. Sein Entschluß zum Bösen ist ein freier Entschluß seines Geistes, das ist seine Dämonie, und darum ist er der große Verführer, und darum kann er die Anna verführen, die großartigste Verführungsszene, die es gibt. Bei Franz ist die Begründung seines Vorsatzes eine Rechtfertigung: Er hat das Recht, so zu handeln, weil an ihm ein Unrecht begangen worden ist, weil sein ganzes Sein ein Unrecht an ihm ist. Darum ist sein Monolog in einer grandiosen Weise unanständig, es liegt darin eine Blasphemie gegen den Vater und darum auch gegen Gott. Franz fragt, wo man nicht fragen darf. Er wälzt die Sünde von sich auf den, der ihn gezeugt hat. Aber gerade dadurch, daß er sich rechtfertigt, wird er zwar schlechter als Richard, der größere Schurke, aber er wird weniger dämonisch, wenn wir als dämonisch die Liebe zum Bösen bezeichnen. Richard ist einer der großartigsten und entsetzlichsten Menschen, weil er sich nicht rechtfertigt. Dadurch ist er viel mehr in der Nähe Kains als Franz, denn auch Kain rechtfertigt sich nicht.

Da nun Franz der »Nur-Schurke« ist, kann er auch nicht in der Weise verführen wie Richard, das heißt, er kann nicht durch sich selbst verführen. Seine Verführung ist nicht mehr unmittelbar. Richard ist faszinierend, Franz hat keine Leuchtkraft. Er ist der Intrigant. Seine Verführungsversuche gegenüber der Amalia müssen in Plattheiten endigen, beim primitiven Vergewaltigungsversuch. Er ist ein Meister der Ränke, und so ist auch die Art, wie er seinen Bruder versucht, das Meisterstück eines Schurken. Er kann seinen Bruder nur durch den Vater hindurch versuchen. Er verführt den Vater, Karl zu verstoßen. Dadurch erst, daß der Vater getäuscht werden kann, ist es ganz ein Spiel unter Menschen geworden, rollt sich alles auf der menschlichen Ebene ab, denn nun erst ist alles kein Gleichnis mehr für die religiöse Urbeziehung. Dieses Moment trennt Franz ganz von Kain und trennt Karl ganz von Abel. Dort liegt die größte Rechtfertigung des Franz, daß sich der Vater täuschen läßt. Dadurch wird es aber auch möglich, daß Karl verführt wird, und Karl wird durch das verführt, womit sich Franz selbst verführt, durch die Rechtfertigung. Karl glaubt sich gerechtfertigt, wenn er ein Räuber wird. So führt die Linie zu Michael Kohlhaas, dem eigentlichen dialektischen Gegenstück zu Richard dem Dritten. Kohlhaas ist der Mensch mit der größten Berechtigung, und er handelt auch nur aus Berechtigung. So ist er »einer der rechtschaffensten und zugleich entsetzlichsten Menschen seiner Zeit«, den »das Rechtsgefühl zum Mörder und Räuber machte«. Franz ist der Mensch, der sich selber rechtfertigt, Karl jener, der sich gerechtfertigt glaubt, und Kohlhaas jener, der von den Menschen gerechtfertigt ist. Es ist entscheidend, daß die Rechtfertigung von den Menschen ist, denn von den Menschen ist nicht von Gott. Die Tragik liegt darin, daß Kohlhaas wie Richard wird. Kohlhaas hat alle Voraussetzungen zum Helden, muß aber zum Verbrecher werden, Richard kann sowohl ein Held als auch ein Verbrecher werden und wird aus eigenem Willen ein Verbrecher. Richard ist frei, und Kohlhaas ist unfrei. Richard ist frei, weil er sich nicht rechtfertigt, es ist dies die Freiheit der heutigen »Existentialisten«. Kohlhaas ist unfrei, denn sein Handeln ist durch die Welt gerechtfertigt, die an ihm ein Unrecht begeht. Es gibt in den Räubern eine Person, deren Geschick eine gewisse Ähnlichkeit mit dem des Kohlhaas hat: Kosinsky, auch hier ist das Verbrechen durch den Staat geschützt. Kosinsky hat ebenso recht wie Kohlhaas, und über den Räubern steht: In Tyrannos. Aber gerade weil sie recht haben, sind sie unfrei, und sie würden erst wieder frei, wenn sie auf ihr Recht, zu handeln, verzichten würden. Auf Recht verzichten heißt Unrecht ertragen. Das ist aber nur möglich, wenn das Recht bei Gott ist. Das ist die christliche Freiheit, daß man nur vor Gott gerechtfertigt zu sein braucht, oder, daß man ein Unrecht ertragen kann. Vor Gott ist man nur durch die Gnade gerechtfertigt, und das ist Abel. Das sind die christlichen Zusammenhänge von Gnade und Freiheit. Die Tragödie des Kohlhaas ist die Tragödie des menschlichen Richters, der menschlichen Gerechtigkeit. Sie liegt darin, daß Kohlhaas zwar die Welt widerlegt, aber gerade dadurch selbst von der Welt widerlegt wird. Allein Gott kann die Welt widerlegen, ohne von ihr widerlegt zu sein. Unbedingt kann nur Gott sein, und darum gibt es ein Jüngstes Gericht. Kohlhaas muß aber unbedingt sein, wenn er rechthaben will, und dadurch wird seine Gerechtigkeit ein Verbrechen. Er ist gezwungen, wie Gott zu handeln, weil er nicht auf sein Recht verzichten kann. Das ist es, was ihn entsetzlicher als Richard macht, der nur gezwungen ist, ohne Gott zu handeln.

Hier möchte ich haltmachen, obgleich man hier eigentlich erst anfangen sollte. Es ging mir aber nur darum, einen bestimmten Verdacht zu äußern, der mir anläßlich der Basler Aufführung der Räuber kam, daß nämlich Richard und Franz zwei entgegengesetzten Polen innerhalb der Welt des Bösen zugeordnet seien und daß eine Linie von Franz zu Michael Kohlhaas führe. Hier scheint uns auch die Bedeutung der Räuber zu liegen. Es ist ein Schauspiel von bedeutenden Dimensionen, die durch Kurt Horwitz deutlich gezeigt wurden, es ist nur die Frage, ob Schiller später zwar an Kunst gewonnen, aber an Dimension verloren habe.

Brief über Graf Öderland

1951

Lieber Herr Frisch,

mit einer nicht geringen Besorgnis unternehme ich es, Ihnen diesen Brief zu schreiben, denn ich bin gar nicht sicher, ob ich das, was auszudrücken mein Wunsch ist, imstande bin zu tun. Ich habe mich jetzt den ganzen Sommer mit dem Grafen von Öderland beschäftigt, natürlich nicht nur mit ihm, doch blieb er immer im Zentrum jener Dinge, über die ich mir in diesen Wochen Gedanken machte, ohne daß ich jedoch sagen könnte, ich sei eigentlich zu einem abschließenden Urteil gekommen, am allerwenigsten über den künstlerischen Wert dieser Moritat, wie Sie es nennen. Dazu kommt noch – vielleicht erschwerend –, daß ich mich in meiner eigenen Arbeit um einen Stoff bemühe, der dem Ihren nicht allzu fern liegt, doch möchte ich nicht von meiner Arbeit sprechen, sondern von der Ihren.

Es ist nicht nur der Graf Öderland, der mich sehr interessiert und dem ich in meinen Gedanken oft wie ein Spion nachspüre, sondern es ist auch der Mörder, der einem keine Ruhe läßt, ja vielleicht ist es so, daß der Mörder noch wichtiger ist. Wenn ich über das nachdenke, was geschehen ist, so bleibe ich am Mörder haften und komme nicht von *ihm* los. Auch Öderland ist nicht von ihm los gekommen. Der Mörder sagt von Öderland, er habe ihn verstanden, er sei der einzige gewesen, der ihn verstanden habe. Es kann nun so sein, daß man den Mörder verstehen muß, um das ganze Stück zu verstehen, um Öderland zu verstehen. Und das mag schwer sein. Denken wir vom Zuschauer aus: Auch er wird kaum den Mörder verstehen, er wird von dieser Mordtat hören, dieser sinnlosen Abortgeschichte, die so sinnlos und so schrecklich ist, er wird sich wie Doktor Hahn bemühen, den Mörder zu verstehen, Sinn zu bekommen, und er wird wie Doktor Hahn vor diesem Mord die Waffe strecken, als vor etwas Unerklärlichem, das ihn bedroht, das ihn erschüttert, das er sich aber nicht erklären kann: Denn auch der Mörder kann es sich ja nicht erklären, er weiß nur, daß er etwas tat, aber nicht, was er damit wollte, er hat etwas getan, das er in keiner Weise versteht. Doch wird das den Zuschauer nicht verwirren, er wird wie Doktor Hahn, wie der Mörder, vor einem Rätsel sitzen; die Ordnung bleibt bewahrt.

Wenn ich nun über Öderland nachdenke, so ist mir zuerst nicht eigentlich sein Leben nach der Begegnung mit dem Mörder wichtig, auch nicht sein Leben vor dieser Begegnung, sondern der Augenblick, wo Öderland den Mörder versteht. Dieser Augenblick muß schrecklich gewesen sein. Es ist ein Augenblick, den keine Kunst darzustellen vermöchte; aber es ließe sich ein Drama Öderland denken, das den Weg zu diesem Augenblick zeigt; es wäre ein Drama ganz zwischen Öderland und dem Mörder, und der Mörder wäre der Sieger. Sie aber stellen den Weg Öderlands nach diesem Augenblick dar. Sie stellen uns Öderland schon als Verwandelten vor. Öderland hat also den Mörder schon begriffen, als er vor den Zuschauer tritt. Und das ist eine Schwierigkeit dieses Stücks, daß nämlich der Zuschauer den Mörder noch nicht begriffen hat, aber Öderland. Und den Mörder zu begreifen ist schwer, weil es Mut verlangt. Denn die Wahrheit Öderlands, die Wahrheit, nach der er handelt – vielleicht würde ich besser die Wirklichkeit sagen –, ist etwas, das sich schwer mit einem Begriff darstellen läßt. Sie tun es etwa mit dem Wort Leben, aber auch das ist zu unbestimmt; die Axt drückt es viel besser aus, die Axt, die tötet.

Die zweite größere Schwierigkeit ist nun, daß der Zuschauer Öderland begreifen muß, um dem Stück folgen zu können; denn was beim Mörder ein unbegreiflicher Augenblick war – ein Mord, um so unheimlicher, weil ihn niemand versteht, man aber doch ahnt, daß er nicht ohne Sinn sein kann – das ist nun bei Öderland nicht mehr ein Augenblick, sondern ein Leben. Und das muß der Zuschauer verstehen, sonst wird Öderland ein bloß Wahnsinniger, ein Amokläufer, wie ihn Hahn nennt. Er sollte dieses Leben so sehr verstehen, daß er dieser Logik nichts entgegensetzen kann. Die Gründe Öderlands sollten in jedem Fall stärker als die des Zuschauers sein, wie zum Beispiel auch die Gründe des Mephistopheles stärker als die der Zuschauer sind; Öderland sollte überzeugen (wenn es dann auch ein teuflisches Stück würde). Aber es genügt nicht, daß er wie ein Wahnsinniger erscheint (erscheint, er ist es nicht). Aber wie sollten Sie das auch machen können? Ist es nicht ein Fehler, der nicht bei Ihnen, sondern in Öderland selbst liegt? Sein Leben ist vollständig jenseits aller Begriffe, es ist Abgrund und daher auch jenseits aller Metaphysik, wenn Sie wollen, auch jenseits vielleicht aller Kunst. Es ist eigentlich nur instinktiv zu erfassen, aber dennoch muß sich nun Öderland den Gesetzen der Dramatik zuliebe erklären, um sich dem Zuschauer begreiflich zu machen. Ich meine: Es ist ein tiefer Gedanke, Öderland durch sich selbst zu widerlegen, nämlich durch seine begrenzte Erlebnisfähigkeit, wodurch er immer wieder die gleichen Personen erlebt. Nun stimmt das vielleicht in einer gewissen Weise auch objektiv; wir erleben immer wenige Typen, aber das interessiert mich hier nicht, ich möchte nur soviel sagen, daß Öderland kein Genie ist. Das festzustellen ist wichtig, glaube ich. Irgendwo im Tagebuch haben Sie geschrieben, daß einige Marion, der sich erhängt hat, einen Ästheten nannten, weil er so nahe am Abgrund war. Ich will mich zu diesen einigen zählen und gerade deswegen Öderland einen Ästheten in seiner letzten Konsequenz nennen, allerdings auch Don Juan und Jack den Bauchaufschlitzer. (Entschuldigen Sie, daß ich das, was ich das Ästhetische in seiner letzten Konsequenz nenne, nicht näher umschreibe; ich lehne mich hier an Kierkegaard an. Nehmen Sie das Ästhetische hier als das Nicht-Religiösabgründige.) Beide waren Genies der Sinnlichkeit (der brave Jack ist zwar eine etwas mythische Figur, er kann auch nur ein verrückter Arzt gewesen sein, ganz sicher aber war der Marquis de Sade ein Genie). Kierkegaard, der sehr über das Ästhetische nachgedacht hat, beschäftigte sich lange Jahre mit der Figur eines Meisterdiebes. Alles also Genies, die einen Genies der Verführung, die andern der Sinnlichkeit. Dazu kann ich zum Beispiel auch Ihren Pelegrin zählen in *Santa Cruz*.

Öderland ist nun kein Genie, und zwar bewußt keines. Er war ein Staatsanwalt, ein sehr guter, sicher, aber ein Staatsanwaltgenie schlägt auf die andere Seite um, wenn es verrückt wird. Sagen wir, und ich glaube, ich sehe hier richtig, er war vor dem entscheidenden Augenblick, als er den Mörder begriff, ein Mörder wie der Rittmeister in *Santa Cruz*. Ein Mensch der Ordnung, der sich verwandelt. Die Frage stellt sich nun bei dieser Verwandlung: Kann ein Rittmeister ein Pelegrin werden, ein Staatsanwalt ein Don Juan, ein Marquis de Sade. Wahrscheinlich noch am besten ein Jack der Bauchaufschlitzer, aber nie wird die Rechnung aufgehen, es wird immer ein Rest Rittmeister übrigbleiben. So hat man bei Öderland immer wieder das Gefühl, er doziere, er führe seine Morde so aus, wie etwa ein Professor seine Experimente ausführe, nicht einem Instinkt zuliebe, sondern einer Lehre.

Damit Sie mich nicht falsch verstehen: Die Feststellung, daß Öderland nicht ein Genie ist, will keine Kritik sein; es ist eine Notwendigkeit, daß er es nicht ist. Öderland leidet an einer Krankheit, an der jedermann leidet, die bei Ihnen denn auch folgerichtig auf der ganzen Welt ausbricht. Was ich sagen wollte, war nur dies, daß Öderland eine Gestalt ist, die sich der dramatischen Darstellung eigenartig zu entziehen scheint. Es läßt sich ein Öderland aus dem Ethischen denken (zum Beispiel Michael Kohlhaas, ein Mensch also, der als Henker herumgeht und immer die Schuldigen henkt); aber diese Gestalt würde nicht undramatisch sein, denn sie könnte sich immer auf eine entsetzliche Weise begründen, das heißt begreiflich machen. Öderland nun kann sich nicht begründen, und wenn er dies eben doch tut, räsonniert er nur. Das ist mir manchmal sehr an ihm aufgefallen, während der Mörder zum Beispiel nicht räsonniert. Die Griechenlandrede scheint mir so. Der Grund mag darin liegen, daß nichts Derartiges Öderlands Handeln folgerichtig begründen kann.

Um auf etwas anderes zu kommen: Vom Theater her fasziniert mich das sehr. Sie wenden die Verkleidung in einer ganz neuen Weise an. Wenn sich auf dem Theater ein Schauspieler verkleidet, so bleibt ja für den Zuschauer die Identität bewahrt, er hat das Vergnügen, zu sehen, wie jemand durch eine verkleidete Person getäuscht wird. Anders ist der Fall, wenn der Schauspieler mit der Verkleidung auch eine andere Rolle annimmt. Ich erinnere mich, Ginsberg in einem Stück von Achard gesehen zu haben; er spielte gleich drei Personen und zwei davon noch in verschiedenen Lebensaltern. Das Stück von Nestroy, wovon ich Ihnen erzählte, wo der gleiche Schauspieler sich selbst, seine Frau und sein Kind spielen muß, möchte ich gern einmal sehen. Bei Ihnen ist die Verkleidung Symbol. Ich bin gespannt, wie der Zuschauer reagiert. Durch die Verkleidung heben Sie das Stück ins Traumhafte. Ein Alptraum, in dem ein Beil blitzt. Ich möchte fast sagen, daß alles in diesem Stück, was nicht Traum ist, stört. Ein Stück, das nie zur Fabel, zur Geschichte werden darf. Eigentlich sehr zu meiner Überraschung, denn ich sagte Ihnen in Zürich, daß, je realistischer die Welt dieses Stückes sei, desto wirklicher werde es auch, desto größer sei auch seine Wirkung. Nun stört die Welt des siebenten Bildes mich nicht etwa, weil sie zu wenig Wirklichkeit hat, sondern weil sie zu wenig Traum ist; es ist alles wie nicht genügend geträumt, ganz Konstruktion. Auch Santorin gefällt mir wenig. Es ist ein Stück, das sich eigentlich nur in Dachkammern, Estrichen, Aborten und Kellern abspielen läßt, irgendwie nie im Freien. In der Novelle im *Öderland* ist alles ganz anders; da sind Sie, der Erzähler, immer zwischen dem Geschehen und dem Zuschauer, darum scheint mir auch die Erzählung stärker. Ein Punkt, der mir zu denken gibt.

Um auf das Ungeniale zurückzukommen: Öderland ist auch kein Narr. Kein Narr und kein Genie. Niemand macht es dem Zuschauer leichter als die Narren und die Genies; die einen bewundern sie, und über die andern kann man lachen. Öderland ist ein gewöhnlicher Mensch, der das Verrückteste tut. Wenn er richtig erfaßt wird, eine der schrecklichsten Gestalten, eine der bedrohlichsten; wenn man ihn nicht versteht, ein Wahnsinniger, und Wahnsinnige interessieren nicht. Don Quijote begeistert auch den, der nicht weiß, was er ist, bei Hamlet ist es ebenso.

Das Stück scheint mir sehr groß gedacht, aber sehr wenig realisiert. Die Worte »Herrlich sind wir und frei« kommen mir in der Novelle als schön, im Drama unmöglich vor.

Über das Beil: Der Tod durch das Beil einer der »unästhetischen Tode«. Kaum zu beschreiben. Rote Lache, in der ein gespaltener Kopf schwimmt. In der griechischen Tragödie Vorliebe für grausige Todesarten. Sie geschehen hinter der Bühne und werden durch die Sprache erzählt, so ungefähr wie Salome mit dem Kopf des Johannes hereinkommt; die Sprache bringt den Tod vor den Zuschauer. Im Öderland ist dies nicht der Fall. Kann es nicht sein. Frage, wie der Tod auf der Bühne erscheint. Überhaupt nicht, er ist vom Traum verschluckt.

Sollte Öderland nicht von Anfang an das Beil des Mörders mit sich herumtragen? Sonst in Holzfällerhütte beinahe die zweite Geburt Öderlands.

Öderland wieder dadurch als Stück gerechtfertigt, daß

Santorin in ihm auftaucht. Santorin ein Name, der von einem anderen Planeten aus der Erde gegeben wird. Zu denken, daß der Stoff in die Hände eines Schwächeren geraten wäre: Öderland wäre entweder ganz durchreflektiert und damit ein Hebbelscher Held oder ganz unreflektiert und damit ein Tier. Sie hingegen fielen weder der Charybdis noch der Skylla zum Opfer, sondern erlitten gewissermaßen zwischen beiden Schiffbruch.

Im Öderland ist die Gegenbewegung gegen die Hauptperson der immer gleiche Moment, die immer gleiche Situation, aber gerade diese Gegenbewegung reißt ihn in das Gebiet der Novelle. Vielleicht weil die Prosa mehr Magie als Dramatik haben kann.

Verzeihen Sie mir die sehr unvollständige Ausführung; ich hätte noch viel zu bemerken und vielleicht schon zu viel bemerkt. Verzeihen Sie es auch, daß ich Unkorrigiertes schicke, aber ich will es nicht ausarbeiten, sonst kommt dieser Brief nie fort.
Mit herzlichen Grüßen Ihr

Dürrenmatt

P.S. Bitte noch warten. Es geht noch einige Tage, bis ich Ihnen die Manuskripte für Suhrkamp schicken kann. Arbeite gegenwärtig noch einmal am *Romulus*.

Anmerkungen

Im Schachspiel des Ästhetischen:

Öderland	Läufer
Jack	Turm
Meisterdieb	Springer
Don Juan	Königin
Künstler	König

Öderland als Läufer: Diagonale zwischen ethischer und ästhetischer Linie, die ins Nichts führt. Räumt vorher noch alle ethischen Bauern auf.

Öderland: Ein Schiffbrüchiger, der vom Orkan des Ethischen an der Klippe des Ästhetischen zerschmettert wird.

Peinlichkeit solcher Sätze: Über Öderland schlechtweg nicht zu philosophieren. Nur zu verstehen.

Mordepidemie, die auf Grund von Öderland ausbricht. Die vom Staat verhängte Strafe über den Autor: Er muß die Grabreden halten.

Öderland notgedrungen sehr einseitige, sehr »überdeutliche« Gestalt. Dadurch alles wie in zu großer Höhe, wie in Bergluft, in der kaum zu atmen ist.

Eine Vision und ihr dramatisches Schicksal

Zu ›Graf Öderland‹ von Max Frisch

1951

Die Gestalt des Grafen Öderland taucht bei Frisch bereits im *Tagebuch mit Marion* auf, ein dunkles, blutiges Gespenst, eine drohende Brandröte; in der Moritat, die das Schauspielhaus nun aufführte – eine Arbeit, die Frisch mehr als ein Jahr beschäftigte –, versuchte er diese Gestalt zu verdichten, ihr ein Gesicht, ein Schicksal zu geben. Das kühne Unternehmen ist gescheitert.

Dieser Schiffbruch ist zu untersuchen. Das Abenteuer des Stückes, sein Wagnis und sein Untergang, ist interessanter und aufregender als das Gelingen anderer Stücke. Nicht Frischs Dramatik hat beim *Öderland* versagt, die Dramatik selbst hat vor *Öderland* versagt. Der Untergang war mathematisch vorauszuberechnen, sicher nicht von Frisch, der hypnotisiert von seiner Vision den Wurf wagte, aber vom Zuschauer. Der Fehler liegt nicht in Frischs Kunst, nicht bei jener Knuths, weder in der sicheren Regie Steckels noch im faszinierenden Bühnenbild Ottos, er liegt in der Gestalt des Öderland selbst, einer wirklichen, positiven Leistung Frischs, deren Bedeutung er durch die Bühnenfassung nicht erreichen konnte, die nicht zu erreichen ist. So blieb das abenteuerliche Schiff trotz einer guten Bemannung irgendwo in den dramatischen Meeren zwischen dem Allgemeinen und Privaten stecken. Als Bühnenstück ist der Graf

Öderland ein gefallener Engel, sein Beil hat als erstes das Stück erschlagen.

Wer ist Graf Öderland? Eine Möglichkeit, die Gestalt annahm, durch Frisch Gestalt annahm. Eine Mythe, die entdeckt wurde. Das ist viel. Ein Name, aber was für ein Name! Ein Name, der allein schon das ganze Gespenst enthält, der allein schon Dichtung, vielleicht die Dichtung vom Grafen Öderland ist. Ein Mensch, der aus dem Mittelbaren ins Unmittelbare bricht, die Explosion eines Atoms aus dem Gebundenen ins Ungebundene, ein tödlicher Umwandlungsprozeß, wie er sich am Ende der Zeit abspielen mag, eine Gestalt, die eine Kraft des Menschen bloßlegt, die fürchterlicher denn seine Leidenschaft ist: die Kraft des Gefälles, die der Sturz in das Nichts auslöst. Denn das Nichts an sich hat keine Kraft, doch entfesseln die Dinge, die in diesen Abgrund fallen, die Kraft tödlicher Geschosse: zu Öderland tritt das Beil, das Beil und Öderland sind eins.

In den ersten, lockeren, scheinbar flüchtigen Szenen, die wir aus dem *Tagebuch* kennen, erscheint Öderland als ungewisser Schatten, eine Ahnung mehr denn ein Bild. »Und so weiter« war der Schluß, Öderland schritt aus der Dichtung hinaus, aber nicht aus unserem Bewußtsein, spielte in der Wirklichkeit weiter. Im Theaterstück hat Frisch dieses »Und so weiter« ausgeführt: Der Graf springt aus dem Fenster. Öderland wird ein bestimmter Mensch, mit dem Gesicht eines Schauspielers, das er nun annehmen muß. Er bekommt ein Schicksal. Kann Graf Öderland ein Schicksal haben?

Das Schicksal Öderlands, das ihm Frisch gegeben hat, ist, genau gesprochen, die Sinnlosigkeit des Beils. Es lohnt sich nicht, zum Beil zu greifen, es lohnt sich nicht, in den Abgrund zu stürzen, die Gewalt vor allem lohnt sich nicht. Aber damit schwächt Frisch Öderland ab, ja, er verfälscht ihn. Öderlands Tat ist nicht ein Ausweg, wie behauptet wird, sondern Verzweiflung. Die Frage, ob die Verzweiflung einen Sinn hat oder nicht, ist unmöglich. Ein Sturz ins Nichts ist ein Ereignis, das jenseits von Sinn oder Nichtsinn steht. Eine Atombombe explodiert, wenn die Bedingungen gegeben sind, unbeschadet, ob dies einen Sinn hat oder nicht. Öderland ist weder ein Gewissen noch eine Idee, er kennt weder eine Reue noch eine Aufgabe. Man kann auch nicht an Stelle der Idee das Leben setzen, das zu suchen wäre, eine unerträgliche Romantik. Öderland ist ein Beil und nichts weiter. Ein Beil denkt nicht, empfindet keinen Ekel, es mordet. Leben ist Mord geworden. Ein solches Leben hat aber im strengsten Sinne keine Geschichte mehr. An die Stelle des Schicksals tritt die bloße Mechanik.

Kann man das auf der Bühne darstellen? Ist der ungeheuerlichen Gestalt mit der Kunst der Bühne beizukommen? Kann sich ein Beil auf dem Theater verwirklichen? Frisch hat es versucht. Mit allen Mitteln. Mit einer erstaunlichen Technik. Er gab Öderland ein bestechendes Schicksal, er ließ ihn am Leben scheitern, an der ewigen Wiederholung der Figuren, die in immer neuen Verkleidungen auftreten. Aber es war nicht mehr Graf Öderland, der scheiterte, es war der merkwürdige Fall eines gewissen Staatsanwalts, der verunglückte: an Stelle eines Allgemeinen stand ein Besonderes, an Stelle einer mythischen Figur ein Massenmörder mit einem originellen Motiv. Die Bühne selbst zwang Frisch diese Abwertung einer Gestalt auf, doch muß festgehalten werden, daß das Mißlingen Stil, Größe hat: die Größe der Notwendigkeit. Ein Abgrund, ein Rachen, der sich öffnet, kann kein Gesicht haben. Auf der Bühne wurde Öderlands Schicksal privat, nicht zwingend, denn sein Ende ist eine Hoffnung, daß etwas, was an sich schon verzweifelt ist, noch einmal verzweifelt (für den Zuschauer die Hoffnung, daß wir doch wieder einmal davonkommen). Die Verzweiflung Öderlands kann nicht durch eine neue Verzweiflung als Selbstmord enden, sie kann nur mechanisch beendet werden durch ein Attentat.

Frisch schuf im *Öderland*, wie er im Tagebuch vorliegt, eine Dichtung; die Moritat ist ein interessantes, raffiniert ausgestattetes Theaterspektakel geworden mit großen dichterischen Stellen. Ich denke vor allem an den Mörder, an den Hellseher – eine bestechende Leistung Kalsers –, an den unerhörten Einfall, eine Gesellschaft, die, stehend, mit gefüllten Tellern über die Lage diskutiert, so grotesk behindert einem Mörder mit einem Beil gegenüberzustellen, Momente, die allein das Stück sehenswert machen. Dies alles kann nicht genug gesagt werden. Doch eines konnte nicht glaubhaft gemacht werden: der Graf Öderland und sein Beil. Das Stück ist eine Menagerie, in der ein ausgestopfter Tiger vorgeführt wird.

Die mythische Gestalt des Öderland, nicht viel mehr als ein Wort, ist Frischs große Tat – was kann ein Dichter mehr? Als Gestalt der Phantasie wird sie ihren weiteren Weg nehmen. Das Theaterstück jedoch bleibt im Privaten stecken, es gehört Frisch allein. Ich weigere mich, im *Öderland* ein etwas blutigeres *Santa Cruz* zu sehen. Es geht um mehr. Man kann Öderland nicht als Warnungstafel verwenden: Greift nicht zum Beil! Wenn einmal die Bedingungen da sind, wird man zum Beile greifen. Es ist

Aufgabe, diese Bedingungen aus der Welt zu schaffen. Graf Öderland kann nicht gerichtet werden, weil Öderland selbst die Hinrichtung ist. Öderland läßt sich nicht ins schweizerische Geistesleben als eine Gestalt des Kultur-Malaise einbauen. Graf Öderland geht die Welt an, er ist eine Gestalt der Apokalypse.

Die Räuber

Schauspiel von Schiller

1951

Der Untergang der Familie Moor, die im achtzehnten
Jahrhundert irgendwo in Franken eine Grafschaft betrieben haben soll, würde uns kaum mehr interessieren, ließe
das Schauspiel nicht eine merkwürdige Idee erkennen
und kämen darin nicht einige der kühnsten Pamphlete
vor, welche die in dieser Hinsicht doch etwas zu zahm
ausgestattete deutsche Literatur aufweist; Pamphlete,
die, wären sie gegen heutige Zustände gerichtet, wie es
damals der Fall war, das Publikum wohl nicht so ruhig
wie in der Eröffnungspremière des Schauspielhauses finden würden. Es pfiff niemand, den es anging. Die Aufführung spielte sich vielmehr unter allgemeiner Begeisterung ab, und wenn sich allerlei Peinliches auf der Bühne
ereignete, so nahm man dies gern in dem Bewußtsein
in Kauf, einem Klassiker beizuwohnen. Es muß jedoch
untersucht werden, wo das Peinliche lag, bei Schiller
oder bei der Interpretation. Im ersten Schreck war man
bereit, das erstere anzunehmen. Die *Räuber* enthalten
Elemente, die uns heute befremden und die nicht zu
umgehen sind. Die besondere Neigung der Deutschen,
pathetisch und sentimental zugleich zu sein, kündet sich,
wie ferner Donner, schon bedrohlich an, ebenso das
merkwürdige Vorurteil, daß nur Bösewichter geistreich
sein dürfen. Dazu fehlt dem mit Schauerlichem überlade-

nen Stück der Ausgleich des Komischen, das gerade hier
so bitter nötig wäre und Shakespeare so groß macht; wo
wir es vorhanden glauben, ist es unfreiwillig, so beim
Priester, so beim Nestroy-Tod des Franz. Dies alles
zugegeben, kann doch die Schuld nicht ausschließlich auf
den achtzehnjährigen Schiller geschoben werden. Das
Stück ist nun einmal eine ebenso geniale wie unbeholfene
Angelegenheit. Es enthält einen Bruch, der nur durch das
grandiose Feuer der Rhetorik geschlossen werden kann,
die in diesem Drama wütet. Man kann bei den *Räubern*
nicht zurück, man muß vorwärts. Man kann nicht mil-
dern und Konversation treiben, wo nur ein kühner
Sprung durchs Pathetische hindurch ins Groteske die
Situation retten kann. Die *Räuber* sind nicht zu humani-
sieren – der sympathische, aber tödliche Grundfehler der
Regie Wälterlins. Die Aufführung war nicht schlecht, sie
wäre sogar gut gewesen, wenn man nur nicht gerade die
Räuber gespielt hätte. So stimmte sie denn nur in zwei
Punkten: im Bühnenbild Ottos und im Franz Moor
Ginsbergs. Innen und Außen ließ Otto zusammenwach-
sen, dem Sumpfigen, Vermoderten der Wälder entsprach
das Vermoderte, Irre der Räume, die Ginsberg als Franz
durchmaß, kühn Schiller spielend, der hier, wie im ganzen Stück, eine einzige Übertreibung ist. Gerade durch
dieses Wagnis, durch diesen Sprung in eine überdimen-
sionierte Charge gelang es Ginsberg, nicht literarisch zu
sein. Er wurde gefährlich. Das kann man vom begabten
Rolf Henniger als Karl nicht ganz behaupten. Zwar
glaubte man ihm fast alles, nur gerade das eine nicht: daß
nämlich zwei Menschen wie er den ganzen Bau der
sittlichen Weltordnung zugrunde richten würden. Und
das vor allem sollte doch glaubhaft sein. Karl ist in erster

Linie ein moralischer Don Quijote. Die zwei Ungeheuer, die sich mit gleicher Wirkung gegenüberstehen, das moralische und das nihilistische, müssen vorhanden sein. Die Aufführung fiel der Tradition zum Opfer, Karl dem jugendlichen Helden anzuvertrauen. Es wäre einmal zu wagen, Ginsberg den Karl und Steckel den Franz spielen zu lassen: Zwischen solchen Säulen könnte man die Handlung wie ein Stück zerrissener Rokokowäsche flattern lassen. Die Aufführung wäre unkonventionell, aber es könnte dann geschehen, daß unvermittelt das Geniale dieses Stücks an die Rampe träte. Vielleicht, daß dann das Publikum erschrecken würde. Aber das sind schöne Träume. Man erschrickt nicht bei Klassikern. Man klatscht. Es gab unzählige Vorhänge.

Die beiden Veroneser

Komödie von Hans Rothe

1951

Leonard Steckels glänzende Inszenierung geht auf eine Komödie Hans Rothes zurück, die um 1935 herum geschrieben worden ist. Sie erzählt die Geschichte zweier Veroneser, die nach Mailand reisen, wo der eine den andern mit der Absicht verrät, dessen Geliebte zu gewinnen, um aber endlich doch zu jenem Mädchen zurückfinden zu müssen, das er in Verona verlassen hat. Der Schluß spielt sich im Wald unter Räubern ab. Das Lustspiel ist mit großer Geschicklichkeit geschrieben und mutet etwas epigonenhaft an; doch enthält es einzelne Stellen von einer dichterischen Kraft, wie man sie nur noch bei Schlegel-Tieck findet. Daß die Vorlage zu diesem Stück Shakespeares Komödie gleichen Namens sein soll, ist möglich, wenn auch unwahrscheinlich; das Vorbild muß vielmehr irgendwo bei den Romantikern zu suchen sein: Wer kennt auch alle, die damals gedichtet haben!

Auch Steckel scheint dieser Meinung zu sein. Man kam bei seiner Inszenierung wirklich nie auf den Verdacht, einen Shakespeare vor sich zu haben. Doch sei diese Frage der Literaturwissenschaft überlassen. Uns geht es darum, was Steckel bot und wie er es machte, daß ein höchst lebendiger und erfreulicher Theaterabend zustande kam. Das Publikum reagierte denn auch mit einer

Begeisterung, wie dies sonst nur noch vor einem Klassiker vorkommt. Mit Recht. Es war stärkster Steckel. Er spielte das Stück ins Komödiantische, ohne darin unterzugehen, so weit er auch hinausschwamm, und das ist eine Kunst, die jeden Beifall verdient, und ein Kunststück, das hier durchaus nötig ist. Hätte er zum Beispiel einen Shakespeare zu inszenieren gehabt, wäre es zu diesem atemraubenden Balanceakt gar nicht gekommen. Ein Max Haufler als Herzog von Mailand, als Vater der umkämpften Prinzessin wäre bei Shakespeare eine unmögliche Besetzung, weil bei ihm nie die Welt als solche komödiantisch ist, sondern nur genau bestimmte Teile davon, etwa die Dienerschaft, das »Volk« oder die Stutzer des Hofs, doch nie die Mitte, nie ein Herzog zum Beispiel: die sind entweder schlecht oder gut, diese Herzöge und Könige, je nach ihrer Natur, aber nie komödiantisch. Denn für Shakespeare ist es wichtig, daß die Mitte eine sichtbare Kraft ist, eine Sonne gleichsam, die zerstören oder heilen kann. Mit dem großartigen Haufler aber als Mitte wurde die Welt zu jener Komödienbühne, die Fritz Butz in seinen Kulissen hinstellt und die Steckel mit einer erstaunlichen Phantasie beherrscht, mit immer neuen Einfällen, ohne je seine Klarheit zu verlieren. Es ist die Welt der Pointen, die jeden Schreck verliert und nur noch zum Witz wird, so daß sie dort am lustigsten erscheint, wo sonst der schrecklichste Punkt zu denken wäre: bei den Ausgestoßenen, bei den Räubern. Das ist in der Welt des Komödiantischen denn auch völlig legitim, und daß der Abend legitim wurde, ist Steckels Verdienst. Ohne ihn hätte man Rothe unter Umständen verhaften müssen. Auch zeigte sich Steckel ebenso sicher dort, wo mehr als Komödiantisches vorhanden sein soll.

Die zwei Liebespaare führte er mit souveräner Überlegenheit, setzte sie von den übrigen ab, ohne sie herausfallen zu lassen. Bei der guten Besetzung konnte das auch gelingen.

Nur schade, daß es Rothe entging, aus dem Veroneser Proteus etwas mehr als einen flatterhaften Burschen zu machen, mit unzähligen Liebschaften behaftet. Den Fall einmal angenommen, Shakespeare hätte den gleichen Stoff behandelt, so wäre Proteus der eigentliche Hauptdarsteller geworden, er hätte seine Geliebte in Verona nicht verlassen, weil er ihr entfliehen wollte, sondern weil er mußte (vielleicht hätte es einfach sein Vater befohlen), des weiteren hätte ihn die Liebe zu der Prinzessin wie ein wildes Tier überfallen, ohne psychologische Vorbereitung, einfach als ein grausames Ereignis, um aus ihm einen Schurken zu machen, um so erbarmungsloser, weil er vorher zum ersten Male liebte; und nun hätte er, man kann sich das ausdenken, seinen Willen zu Verrat und Meineid sicher in düsteren Monologen bekanntgegeben. Ein nicht eben leichtes Stück. Vielleicht hätte sich Shakespeare dazu noch auf eine knappe Handlung beschränkt, »mit wenig Humor«, und sich damit beschäftigt, in diesem fingierten Stück »Verse von ungewöhnlichem Wohllaut« zu schreiben. Und wenn es dann auch noch einem so geschickten Übersetzer wie Hans Rothe in die Hände gefallen wäre, so hätte dieser vollends gezeigt, daß es ein Vorläufer jener Komödiengattung Shakespeares ist, die in *Maß für Maß* ihren gewaltigen Höhepunkt erreicht. Doch nichts von alledem geschah. Es gab keine düsteren Monologe, es gab einen glänzenden Theaterabend. Rothe schreibt viel zu geschickt, um sich in solche Schwierigkeiten zu verrennen. Das tut nur bisweilen Shakespeare.

Die Dame ist nicht fürs Feuer

Komödie von Christopher Fry

1951

Das Theater, als Gattung genommen, diese höchst zwei-
felhafte Beschäftigung des Geistes mit der Materie, oft-
mals totgesagt, zugegeben – dieses zweideutige Unternehmen, halb Kunst, halb Geschäft, halb Begeisterung,
halb Routine, das sich hartnäckig durch die Armut dieser
Zeit fastet, indem es vorgibt, Bildung, Philosophie, Moral, Realismus und weiß Gott was noch alles zu treiben:
Es wäre trotz noch so vollendeter Aufführungen klas-
sischer Autoren und moderner dramenschreibender
Schriftsteller (wir setzen den Idealfall) und trotz noch so
großer Kunst des Spiels, der Dramaturgie oder gar der
Regie zu einer hoffnungslos kranken Angelegenheit geworden, zu einem Modehaus aller möglichen Ansichten,
wenn es nicht stets aufs neue um jener zehn dichterischen
Worte willen Gnade fände, die auch heute noch immer
wieder zu seiner Rettung geschrieben werden und die
sich auch heute noch nur auf ihm ereignen können. Nicht
durch eine Abstimmung steht oder fällt das Theater,
sondern allein dadurch, ob sich die Dichtung seiner
erbarme. Es gibt keine Theaterkrise – das wäre auch
etwas ganz Uninteressantes –, es gibt nur eine Krise der
Dichtung, die immer etwas Bedenkliches ist. Dies alles,
einmal in Erinnerung gerufen, berechtigt, Fry eminent
wichtig zu nehmen, der ein Dichter ist, obgleich er Verse

schreibt. So einfach ist es natürlich nicht, daß ein dichterisches Drama an den Vers gebunden wäre, dieses ist so gut und heute vielleicht in steigendem Maße noch entscheidender in reiner Prosa denkbar – eine Möglichkeit, die unsere Zeit definiert.

Doch kümmert uns hier diese Frage nicht angesichts des Glücks, daß diese Verse stimmen und den Bühnenraum, mehr, das ganze Theater zu füllen vermögen; und auch jene Frage nicht, ein wie großer Dichter Christopher Fry denn eigentlich sei, ob man ihn nicht vielleicht doch überschätze: Heutzutage kann man Dichter überhaupt nicht mehr überschätzen, die allgemeine Mißachtung des Geistes ist zu unmäßig geworden. Sind wir aber hellhörig für das Wort eines Dichters, dann ist uns die Handlung gleichgültig, diese etwas seltsame, mittelalterliche Geschichte von einem, der gehängt werden will, und einer, die man verbrennen möchte; all diese Gespräche, Räusche, Liebeserklärungen, Prügeleien und Wahnsinnsausbrüche, die da in diesem Raum von fasrigem Holz und Luft vor sich gingen, den Otto auf die Bühne stellte. Es gibt zu viele Stücke, die so schlecht geschrieben sind, daß nichts als noch gerade die Handlung interessant ist. In diesem Stück jedoch ist die Handlung nur dazu da, den Menschen in eine Situation zu bringen, in der er Dinge ausspricht, die er beim Frühstückstisch nicht eben so leicht sagen würde; kurz, um Sprache zu ermöglichen und in der Sprache die Welt. Was bestände auch vor der Sonne und dem Mond dieses Aprils, der sich da, triefend von Regen, auf der Bühne erhob! Ferner gehen wir nicht auf die Frage ein, was denn eigentlich diese Hexengeschichte mit uns modernen Menschen zu tun habe: wie wenn eine Dichtung denkbar wäre, der man die Aktualität absprechen könnte! Des weiteren läßt uns die Möglichkeit kühl, daß Fry vielleicht vieles symbolisch meint, und auch seinen Tiefsinn übersehen wir: wer ist nicht schon heute alles symbolisch und tief! Wichtig ist (wenn je dieses Wort einen Sinn haben sollte), daß endlich wieder durch die Sprache Theater wird, so sehr, daß die Personen gleichsam durch das Wort auf die Bühne geboren werden. Nicht umsonst erzählt fast jeder seine Geburt, und der Vater der Hexe ist in ihrer Erzählung da, wie je ein ewig niesender Bürgermeister, eine Mutter, ein Richter, ein Sohn, ein Kaplan, eine Geige oder draußen im Garten eine Pfütze auf dieser Bühne da sind.

So sehr lebt diese Sprache, daß am Schluß im Lallen des Betrunkenen die Auferstehung der Toten eine Wirklichkeit wird und keine Blasphemie; so sehr endlich, daß nicht einmal eine Übersetzung ins Deutsche den Eindruck verhindern konnte, es mit etwas Bedeutendem zu tun zu haben: ja, daß die glühenden Protuberanzen dieser Dichtung sogar in der Aufführung des Schauspielhauses spürbar waren. Nicht ohne Grund waren Ginsberg, Traute Carlsen, Wlach, Parker und Horwitz die stärksten Eindrücke, denn hier war Kraft und Klarheit zugleich. Frys tanzende, phantastische, witzige Sprache mit ihrer Vorliebe für das Übermäßige (sie scheint immer nach dem Nebel der Andromeda zu zielen) benötigt vor allem das Plastische. Doch war allzuoft in der Aufführung die Furcht spürbar, man könnte diese wirren Dialoge nicht verstehen und sich deren Sinn entgehen lassen, eine bei diesem Stück ganz unnötige Sorge. Das Publikum braucht nicht nachzukommen, wo es mitgerissen werden muß. Mitgerissen wurde es leider nicht, es gab mäßigen Applaus.

Der Teufel und der liebe Gott

Schauspiel von Jean-Paul Sartre

1951

> *Reimboderl: Ha! Nur Böses! Die*
> *Welt möchte ich mit Arsenium*
> *anstreichen, daß die ganze*
> *Menschheit vergift't wär' in drei*
> *Viertelstund'. Wenn ich nur we-*
> *nigstens wen ausrauben könnt'*
> *zum Pläsier. Ist denn kein Mensch*
> *zum Ausrauben da?*
> [›Robert der Teuxel‹ von Ne-
> stroy, 1833]

Dieses Schauspiel erzählt die Geschichte eines gewissen
Bastards namens Götz, der im Bauernkrieg Worms bela-
gert und nur Böses tut, weil das Gute schon von Gott
getan worden sei, sich dann aber doch entschließt, gut zu
werden, sich auch in diesem neuen Beruf alle nur erdenkliche Mühe gibt, allerdings peinlicherweise dabei noch
bösere Taten bewirkt, wenn auch unfreiwillig, schließlich
jedoch erkennt, daß es weder einen Gott noch einen
Teufel gibt, um nun, ziemlich erleichtert, als freier Mann
an die Spitze der Bauernarmee zu treten.

Da nun wieder einmal der nie ganz erquickliche Fall
eintritt, daß ein Philosoph in steigendem Maße Theaterstücke verfertigt, muß man, um dieses Stück beurteilen
zu können, untersuchen, wie denn diese zwei Metiers –

das des Philosophen und das des Dramatikers – eigentlich zueinander passen. Die Beziehung ist nicht ganz leicht. Die Philosophie wird nie darum herum kommen können, ihre Thesen zu beweisen, ja, ihre Schwierigkeit liegt eben gerade darin, daß sie leidenschaftlich danach trachtet, so sorgfältig, so exakt wie möglich zu beweisen, nicht aber zu behaupten, daß ihr ganzer Stolz und ihre ganze Würde in einem klaren, lückenlosen Beweis ihrer Ansichten liege; während ein Dramatiker seine Thesen, falls er es nötig findet, solche zu haben, wohl durch eine Handlung herbeiführen, aber nicht beweisen kann, denn die dramatische Handlung ist ja nicht die Wirklichkeit selbst, mit der sich die Philosophie nun einmal abgeben soll, oder irgendein Maß, das an die Wirklichkeit zu legen wäre, sondern eine wenn auch präzise Form des Phantasierens; ein Schachspiel höchstens, das nur innerhalb seiner Regeln stimmt.

Wenn sich nun ein Philosoph, wie in unserem Falle Sartre, anschickt, ein fünfstündiges Theaterstück zu schreiben, so ist vor allem nach dem Zweck dieser doch wohl nicht unbeträchtlichen Anstrengung zu fragen: Offenbar dürfte sie nicht mit der Absicht unternommen werden, irgendeine Philosophie zu beweisen. Der Sinn könnte allein darin liegen, eine Philosophie zu erläutern, sie populär zu machen, mit Schlagwörtern einzugreifen, und sei es auch, wie in diesem Fall, mit jenen billigster Art; dort Revolution zu machen und mit allen Mitteln Terrain zu gewinnen, wo eben diese Methode die größten Chancen besitzt, zu wirken: im Niemandsland jener, die von der Philosophie nun wirklich keine Ahnung haben. Also auch nicht bei den Christen, die glauben, oder bei den Kommunisten (die ja Sartre ebenfalls ablehnen) oder sonst bei Menschen irgendeiner Überzeugung oder eines

Denkens, sondern bei der übergroßen Menge derer, die nicht nur nichts glauben, sondern gleich auch nichts denken: Das würde denn auch die unglaubliche Billigkeit dieses Stücks, die geradezu fürchterliche Primitivität seiner Handlung erklären, als eine Art bewußter Waffe, wenn auch der Verdacht nicht ausgeschlossen werden kann, Sartre meine dies alles blutig ernst: dies sei nun eben einmal die Form seines Philosophierens und nicht Reklame. Das wäre denn auch die peinlichste Interpretation des Stücks, denn auch von einem Atheisten müßte in Gottes Namen eine zwingendere Logik verlangt werden, und die Forderung, bei diesem Stück nicht zu lachen, sondern nachdenklich zu sein, ja sogar in Verzweiflung zu fallen, wäre nun doch ein wenig gar hart.

Wie dem auch sei, das Stück hatte das seltene Glück, in die Hände Leopold Lindtbergs zu fallen, dessen kluger, leicht ironischer und meisterhafter Regie es freilich nicht ganz gewachsen war, geschweige denn den Bühnenbildern Teo Ottos, der wieder einmal mit fast nichts alles machte. Die Regie war sichtlich entschlossen, den Bierernst abzuschwächen, mit dem Sartre wie noch nie aufs Ganze geht und wirklich vor nichts mehr zurückschreckt. So kam das wenn auch manchmal unfreiwillig Komödiantische des Stücks zum Vorschein – etwa bei der Bankierszene, bei Tetzel und vor allem in der unbeschreiblichen Eremitenszene gegen den Schluß. Die Sicherheit, mit der die Unmenge der Personen geführt wurde, brachte die schauspielerisch stärkste Ensemble-Leistung der bisherigen Saison. Überragend war Homolka als Götz, der nicht nur genau wußte, was er machte, sondern auch, wie weit er Sartre spielen und wo er ihn parodieren mußte.

Tartuffe

Lustspiel von Molière
1951

Dieses geniale Lustspiel gegen die Heuchelei mit seiner klaren Architektur, welche die Typen wie genau berechnete Pfeiler setzt, über die sie die Bögen der Handlung spannt; mit seiner sich unablässig steigernden und endlich überschlagenden Bewegung und mit seiner durch Zäsur und Reim zwar gebundenen, aber bis ins letzte gemeisterten Sprache, die gerade dadurch wieder die lapidare Einfachheit des Vorgangs möglich macht, welche uns für ewig verloren zu sein scheint und die nicht Natur sein will, sondern bewußt ein Kunstwerk ist: Dieses wahrhaft gewaltige Stück in vierzehn Tagen herauszubringen, ist eine Kühnheit, zu der sich wahrscheinlich außer dem Schauspielhaus kein anderes Theater von Format entschließen wollte. Ohne die, wie wir hoffen, stichhaltigen Gründe zu kennen, die das Haus leider zu so bedenklichen Abenteuern zwingt, konnte das Wagnis doch nur – wenn auch begrenzt – gelingen, weil das Ensemble im Durchschnitt gut ist und in den Hauptrollen das Stück hervorragend besetzt wurde. Ob man aber immer noch einmal davonkommen wird, ist eine andere Frage. Die Ehre des Hauses wurde zwar gerettet, aber nicht gemehrt, man begnügte sich mit einem anständigen Erfolg in dem, was ein Triumph hätte werden können. Triumphiert haben einzelne Schauspieler, nicht mehr das

Ensemble, in diesem Falle Gustav Knuth als Orgon und Ginsberg, der als Tartuffe ein schleimiges Unding spielte, das zusehends heimtückischer wurde, im vierten Akt gefährlich, um am Schluß dann gleich einem Napoleon als siegende Gemeinheit zurückzukehren. Obgleich die Leistungen des Ensembles durchwegs bemerkenswert, ja beträchtlich waren, muß gerade in dieser nun doch sehr überstürzten Weise, Premièren auf den Markt zu bringen, die Klasse der Akteure, die momentane Position, die sie in ihrer künstlerischen Entwicklung einnehmen, der Stand ihrer Sprachbeherrschung usw. mehr als durchaus nötig zum Vorschein kommen. An Stelle einer Einheit steht eine Vielheit, denn das Ziel der Proben, eben gerade die Einheit, kann in vierzehn Tagen nun wohl überhaupt nicht erreicht werden. Fügt es sich noch dazu, daß ein so genauer Regisseur wie Horwitz die Leitung übernahm, dem es ja nie um den Effekt oder um einen Einfall, sondern allein um die Sache geht, so wird die Eile, mit der da alles betrieben werden mußte, doppelt bedauerlich. Gerade die Klarheit, mit der Horwitz erkannte, daß Molière ein Dichter höchster Präzision, höchster Klassik ist – mit Racine vielleicht die Mitte abendländischer Dramatik –, der vor allem exakt und gradlinig gespielt werden muß, weil er so gar nicht verspielt ist; die Entschlossenheit ferner, mit der Horwitz von den Schauspielern das verlangte, was das schwerste ist, sich rein durch die Sprache hindurch auszudrücken – was nicht etwa heißt, unbeweglich auf der Bühne zu stehen, sondern die Intuition zu allem, was ein Schauspieler tun muß, vom Wort her zu nehmen – und dann das gewiß doch seltene Glück, nicht nur einen Knuth und einen Ginsberg, sondern auch eine Margareth Carl als Dorine, eine Traute

Carlsen als Mme Pernelle, eine Anne-Marie Blanc als Elmire zu haben, kurz, all diese glücklichen Umstände hätten eine beispiellose Aufführung ergeben können. Aber da waren nur vierzehn Tage für die Probenarbeit, und die Première wurde anständig. Das wird uns in Zürich wohl noch oft passieren.

Tanz ums Geld

Komödie von Silvio Giovaninetti
1951

Die Absicht des sympathischen Autors, den Menschen
zugleich in seiner sichtbaren, äußeren und seiner geheimen, inneren Aktion darzustellen – als Tat und als Gedanke, wie er in seinem Vorwort schreibt –, verführte
ihn, seine Gestalten gleich zweimal, als Person und als
Double, auf die Bühne zu bringen, als wirkliche Menschen und gleichzeitig als irreale Schemen: ein Einfall,
der bei einer Komödie, die sich ums Geld dreht, das wir
ja gleichzeitig hassen und lieben, nicht ganz unberechtigt
ist. Die Handlung spielt sich im Verkaufsladen eines
Kunsthändlers ab, in einem unübersichtlichen Raum voller Spiegel, Schränke, Statuen, Möbel und dergleichen,
Gegenständen, zwischen denen die Personen dieser
Schiebergeschichte herumstehen. Da wäre der eifersüch-
tige, bucklige Antiquar Papiol (Horwitz), und da ist auch
sein Double (Holsboer), ein gelbes Phantom, Papiols
Gedanke also, schon durch die Farbe als Geiz gekenn-
zeichnet, wie Papiol um zwei Dinge kreisend: ums Geld
und um die Frau der beiden – man muß sich schon so
ausdrücken –, um Eva (Annelies Römer), die für ihren
Mann Geld und Edelsteine nach Nizza schmuggelt und
ihn so in den Verdacht bringt, ein Hahnrei zu sein, und
da ist ihr Innenleben (Anne-Marie Blanc), violett und
durchsichtig, wohl der phantastischste Schemen. Ferner

sitzt ein junger Mensch in den Sesseln herum (Henniger), dreißigjährig, zynisch, unentschlossen (die bis jetzt beste Leistung dieses sehr überzeugenden Schauspielers), und bald über ihm, bald in einer Ecke, bald auf der Galerie, in irgendeiner Höhe oder Tiefe des Raums, sein Gedanke, blau und verträumt (Dickow), und dann vor allem Ginsberg als Coupon, ein erfreulicher Gauner, der die zwei Millionen in Schweizergeld gibt, die wieder einmal nach Nizza hinüber müssen und die der Kommissar (Bucher) bei Eva findet; Coupon, auf den Papiol endlich, wie er seine Frau und sein Geld verloren hat, schießt: auch der hat sein Double, ein rotes, brutales Ungeheuer (Knuth). Dazu eine Unmenge von Personen und Schemen, die bald kletternd und tanzend die Bühne auf jede nur erdenkliche Weise durchqueren, ein Wirrwarr von bald Geträumtem, bald Erinnertem und bald Vorgestelltem, an dem auch der Ort teilnimmt, der bald Geschäftsladen, bald Bahnhofhalle ist, eine bis in ihre letzten Möglichkeiten ausgenutzte Bühne, die mit Schattenbildern und Projektionen arbeitet: eine Aufgabe, die ein so echt künstlerischer Regisseur wie Werner Kraut (manchmal vielleicht zu sehr in seine Einfälle versponnen) glücklich löste, um so mehr als Rosa Strehler die Choreographie leitete.

Doch ist nun nach diesem allem, nach diesem zu Recht beifällig aufgenommenen Abend mit seinen virtuosen schauspielerischen Leistungen, der besonders Horwitz von einer neuen Seite zeigte, nach dieser Première mit ihrer sauberen Tendenz gegen das Geld, die sich auch die Zürcher hinter die Ohren schreiben dürfen, doch zu fragen, ob es denn dem Autor auch gelungen sei, das zu realisieren, was er beabsichtigte und was er in seinem Vorwort postulierte. Nicht jeder spielt mit so offenen

Karten. Nach seiner Einleitung nun zu schließen, hatte er die Absicht, »in Augenblicken den Eindruck eines Unabwendbaren« zu bewirken, die Handlung sollte durchaus von der Spannung zwischen der Tat und dem Gedanken leben, indem »das, was im Gehirn lebendig war, sich ungeachtet des menschlichen Willens im äußeren Geschehen spiegelt«. Diese Worte Giovaninettis berechtigen, ihn beim Wort zu nehmen. Doch wenn er nun auch einige logische Schnitzer begeht, gleichsam mit seinen eigenen Regeln nicht richtig spielt, so daß sich alles wirklich Bedeutende und Spannende nur in der Tat, auf der Ebene der Wirklichkeit, ereignet, ja wenn er auch manchmal Tat und Gedanke verwechselt (etwa in der Liebesszene Candido-Rosetta, wo sich auf dem Forum der Tat abspielt, was sich doch nur im Gedanken ereignet), wenn er sich auch ferner die Gelegenheit entgehen läßt, Coupon, der das Geld, der Teufel schlechthin sein soll, dadurch von den andern abzuheben, daß er gerade diesem als einzigem kein Double gäbe (das Böse wäre dann das einzige mit sich völlig Identische in diesem Stück und nun wirklich nicht mit einer Waffe zu treffen): abgesehen von all diesen Fehlern scheiterte der Autor doch eigentlich daran, daß er dem menschlichen Fassungsvermögen zu viel zumutete.

Das Plastische nämlich, das Giovaninetti erzielen will (er nennt seine Komödie einen plastischen Roman), liegt gerade und vor allem auch auf dem Theater in der Einheit der Persönlichkeit und nicht in deren Trennung. Ein so guter Schauspieler wie Horwitz denkt, indem er handelt; der Gedanke ist da, auch für den Zuschauer, kraft der Schauspielkunst, ohne daß man ihn nun auch noch besonders darstellen muß. Wäre Giovaninetti wirklich konsequent gewesen, hätte er das Spiel gar nicht in Wirklichkeit und Gedanke auseinanderfallen lassen können: Es hätten lauter Gespenster auf der Bühne stehen müssen, die Taten als gedankenlose Marionetten und die Gedanken als blutleere Schemen. Aber ein *nur* irrationales Stück ist natürlich unmöglich. Das Double ist eine Zutat, eine Arabeske, keine Verdeutlichung, sondern eine Ablenkung. Der Monolog der Alten und ihrer Nachfahren war plastisch, nicht das Double Giovaninettis, denn es ist eine höchste »Verdichtung«, wenn ein Gedanke so stark wird, daß ein Mensch für sich zu sprechen beginnt. Doch hatte das Stück das Glück, daß es ins Gute scheiterte. Eine geplante Schicksalstragödie, in der »die Sündigen von Schuld zu Schuld gerissen werden sollten«, wurde – gegen den Willen des Autors – allein durch die Gesetze der Bühne in eine romantische Märchenwelt getaucht, in der das Publikum, zwischen Bild und Geschehen hilflos hin und her gerissen, eine höhere Poesie sehen mußte, als sie Giovaninetti geben wollte: so daß ihm eine viel dichterischere Komödie auf der Bühne gelungen ist, als er eigentlich zu schreiben beabsichtigte.

Nathan der Weise

Drama von Lessing

1951

Von der Wiedergabe des *Nathan* läßt sich erfreulich viel Gutes sagen: daß die Inszenierung Kurt Hirschfelds dadurch überzeugte, daß ihr immer das Selbstverständliche einfiel (das Nichtselbstverständliche dieses Abends), daß die schattenlose Klarheit, in die Teo Otto dieses Jerusalem tauchte, von neuem die Unvergleichlichkeit dieses Bühnenbildners aufzeigte, daß die Rollen mit seltenem Glück besetzt waren; vor allem aber das Entscheidende wohl, daß es hier gelang, die silberne Abstraktheit dieses Stücks, das mit kaum angetönten Spannungen arbeitet, mit einer Sprache, die immer wieder zerbricht (wie eine hauchdünne Eisschicht gern zerbricht), ohne aber je zu zerfließen, zugleich mit seiner Menschlichkeit und seiner Naivität darzustellen. Zugleich: denn das Wunderbare ist eben, daß Lessing bei allem Scharfsinn und bei aller Leidenschaft des Denkens und des Kämpfens sich diese Kindlichkeit bewahren konnte, die das Stück auszeichnet: die Kindlichkeit aller großen Denker. Daß Hermann Wlach es war, der als Nathan dieses Zugleich schuf, diesen Bogen zwischen den Gegensätzen, ohne den das Stück nicht bestehen kann, bemerken wir mit besonderer Freude: daß es ihm gelang, nicht nur eine Idee zu verkünden, sondern auch die ganz bestimmte, einzigartige Persönlichkeit des Nathan darzustellen. Und wie es ihm gelang, ist sicher nicht alltäglich. Es ging einem an diesem Abend verschiedenes als richtig auf, was sonst die Kritik in Frage stellt: so etwa, daß sich die leidenschaftliche Liebe des Tempelherrn zu Recha in eine naturgemäß zahmere Geschwisterliebe verwandeln müsse und auch allzuleicht tue. Der Sinn jedoch dieses Geschehens liegt ganz im Sinn der Persönlichkeit Nathans beschlossen, der eine Art umgekehrter Ödipus ist, einer, der durch die Menschenvernunft besteht und endlich einmal nicht daran zugrunde geht – ein heute vielleicht etwas seltener, aber eben auch möglicher Fall. So wird die Blutschande verhindert, der Ödipus zum Opfer fällt; es ist nicht eine edlere Welt als die heutige, die mit Nathan besteht, und es war sehr schön und richtig, daß Wlach dort am meisten erschüttert, wo er durch die Demütigung als ein Demütiger hindurchgeht: in der Szene mit dem Tempelherrn und in der gewaltigsten Szene des Stücks, nicht in der Ring-Erzählung, sondern in jener der Ermordung seiner Frau und seiner sieben Söhne als des fürchterlichen Abgrundes, über den sich der kostbare Bogen dieser Dichtung spannt. Dichtung, wie wir dieses Werk nennen, obgleich mit Wissen, daß sich Lessing einen Schriftsteller nannte, der einzige verhängnisvolle Ausspruch, den dieser große, selten klare und genaue Mann getan hat, denn von da an liebte man es oft allzusehr, gerade das Konfuse als das Dichterische zu bezeichnen.

Die kleine Niederdorf-Oper

Von Walter Lesch und Paul Burkhard

1952

Der merkwürdige, aber folgerichtige Umstand, der ans Mittelalter erinnert, daß die deutsche Schweiz eine Schreibsprache besitzt und Redesprachen hat, beide bewußt getrennt, ein Schriftdeutsch, das wir schreiben (oder zu schreiben meinen), und Dialekte, die wir sprechen (oder zu sprechen meinen), diese bald hemmende, vor allem aber doch auch glückliche Tatsache ist für das schweizerische Theater dadurch etwas fatal, daß der Theaterwille, der nun einmal im Schweizervolk liegt – es wäre sonst doch wohl nicht ein vor allem politisches Volk –, die Spannung nicht zu überbrücken vermochte, der zwischen den zwei Kulturen liegt, zwischen der Bildungskultur und der Volkskultur (um, der Deutlichkeit zuliebe, zwei gefährliche Schlagworte zu brauchen). Wohl gibt es Ansätze dazu, so im Kabarett; aber eine Theaterform, wie sie etwa Raimund und Nestroy in Österreich entwickelt haben, dieses höchst virtuose, ja manchmal artistische und zugleich volkstümliche Theater fehlt hierzulande fast ganz. Entweder Schauspielhaus oder Dorftheater, das ist die traurige Bilanz, und das fehlende Zwischenglied hat sich die Operette erobert – dieses im großen und ganzen so entsetzliche Unding einer himmelblauen, gepuderten Theaterleiche. Daß nun die *Kleine Niederdorf-Oper* Walter Leschs und Paul Burkhards in die Lücke springt, ist daher erfreulich und nicht wichtig genug zu nehmen, die Sicherheit, wie dies gelingt, erstaunlich, die Zusammenarbeit der beiden hervorragend, vor allem im zweiten Akt, der uns auch musikalisch am besten gefiel. Der Beifall der Zürcher beweist – um endlich auch einmal dem Erfolg Beweiskraft zuzubilligen –, daß hier ein wirkliches Volksstück gelungen ist, ein Stück Zürich wirklich auf die Bühne kam, daß all diese Menschen, der Antiquar, der Velohändler, die Wirtin, die Artistin, das Bäuerlein zugleich dichterisch gesehen und von heute sind, wenn auch das Ganze dichterischer in den Situationen als im Wort ist, eigentümlich eindrücklicher vom Bildhaft-Bewegungsmäßigen als vom Musikalischen her. Nicht ein Chanson oder eine Melodie war der stärkste Eindruck, sondern unvergleichliche Einzelzüge, wie etwa die drei mit einer Blechbüchse spielenden Sportler und ähnliches. Größer an Substanz als an Kunst, so möchte man sagen, oder besser: ausgezeichnet durch die Kunst, Möglichkeiten für die Regie, für die Schauspieler und für das Bühnenbild zu schaffen (etwas gar nicht so Selbstverständliches), die – eben weil hier ein richtiges Theaterstück ist – nicht dem Stück aufgepflanzt, sondern im Stück waren, Möglichkeiten, die denn von allen aufs glücklichste ausgenützt worden sind.

Wilhelm Tell

Schauspiel von Schiller

1952

Da es sich hier nicht nur um unseren sagenhaften Nationalhelden handelt, sondern auch um die Gründung unseres Staates, um eine Angelegenheit also, die uns angeht, hat sich – wie könnte es anders sein – vor dieses Kunstwerk, das in der Konzeption, in der Apfelschußszene und überhaupt in vielem eine erstaunliche Größe erreicht, ein Patriotismus geschoben, der die Schwerpunkte dieses Schauspiels so entscheidend festlegt, daß es gefahrlos geköpft werden kann, was denn auch diesmal geschah. Parricida brauchte nicht aufzutreten, Tell war von vornherein vom Zuschauer, vom Patrioten gerechtfertigt. Die Szene, die das Stück erst in die Geschichte Europas einordnet, dieser große Einfall der Begegnung zweier Mörder, der ihm seine wahre Dimension gibt, fiel dahin. Die Schweizer Geschichte genügte an diesem Abend.

Doch ist damit die außergewöhnliche Schwierigkeit, mit der eine Tellinszenierung hierzulande zu kämpfen hat, noch nicht genügend erklärt. Die Schwierigkeit ist eine eigenartige und beachtenswerte, sie besteht im Gegensatz eines stilisierten dramatischen Werkes zu seiner Realität, im Gegensatz einer bestimmten Kunst zur Wirklichkeit. Daß dieser Gegensatz auf dem Theater nicht unvermeidlich, ja Unsinn ist, das, glaube ich, ist zweifellos. Daß der *Tell* bei uns in diesen Gegensatz gerät, ist sein schweizerisches Schicksal: ein Unfall, der höchst genau die Grenze Schillers aufzeigt. Sie liegt darin, daß dieser Dichter die Menschen stilisiert, um die Geschichte interpretieren zu können, daß er nicht eine Welt baut wie andere, sondern die Welt aufhellt, indem er ihren Sinn zeigt, daß er, um es paradox zu sagen, keine andere Realität besitzt als die Idee hinter der Geschichte. So ist er auch im *Tell* groß darin, daß er hier die Geschichte eines Volkes gibt, aber eben auch nur so, wie Schiller das Volk sieht: als Idee, während der einzelne, der dieses Volk verkörpert, dieser idealisierte, sentenzenredende Bauer, verglichen etwa mit dem geringsten Trunkenbold Shakespeares, keine Realität mehr hat. Die Größe des *Tell,* zu der wir aufs neue stehen (es verwundert uns beinahe), liegt in seiner Abstraktheit. Das Schicksal, das er auf einer schweizerischen Bühne erleiden muß, liegt darin, daß, notgedrungen, diese Abstraktheit aufgehoben wird, indem sie sich in eine Besonderheit verwandelt, aus einem abstrakten Rütli unser Rütli wird, aus abstrakten Menschen unsere Nationalhelden, aus einem abstrakten Volk wir selbst. Aus einem Drama wird ein Festspiel, denn doch wohl nur in einem solchen ist es heute noch angängig, sich so idealisiert dargestellt zu sehen.

Daher denn auch die oft heimtückische Gefahr des unfreiwillig Komischen, die bei uns auf diesem Stück wie ein Fluch lastet, da sich Idee und Wirklichkeit Auge in Auge gegenüberbefinden, jene auf der Bühne und diese im Zuschauerraum. Dies vorausgeschickt, hat sich die Regie zu überlegen, welchen Weg sie einschlagen soll, wenn sie Theater geben will und kein Festspiel. Es muß

ein Weg gefunden werden, der dem Stück die Abstraktheit wieder gibt. Vielleicht stehen nur zwei Wege offen:
jener ins Mythische zurück, aus dem der Stoff ursprünglich stammt, und jener, den Lindtberg einschlug, den in
die Chronik, aus der Schiller den Stoff nahm. Jener muß
entschlossen die Pathetik ins Übermenschliche, Allgemeine steigern, dieser sie ebenso entschlossen aufheben,
was denn auch in der Zürcher Aufführung geschah. Die
Schnelligkeit des Sprechens war oft darum so ungeheuer,
weil es galt, schneller als die geflügelten Worte zu sein,
weil das Publikum nicht zum Bewußtsein kommen sollte: Jetzt ist wieder ein Zitat gefallen. So glückte denn die
Vorstellung, weil sie folgerichtig war, um so mehr, da
Gretler als Tell sich ganz in den verwandelte, der er in
einer Chronik sein muß, in einen durch unmenschliche
Tyrannei zum Mord getriebenen Innerschweizer, in eine
Gestalt, wie sie etwa ein Büchner gezeichnet haben
könnte, in eine nicht ungeniale Umdichtung Schillers.

Die Zähmung der Widerspenstigen

Komödie von Shakespeare

1952

Um der Inszenierung Werner Krauts nicht ungerecht zu werden, muß man zuerst einmal feststellen, daß sie der schon öfters erhobenen Anschuldigung Gehör schenkte, Shakespeare hätte mit der *Zähmung der Widerspenstigen* nichts als eine derbe Posse geschrieben. Dieser Anschuldigung ist entschieden entgegenzutreten. Nun glaube ich nicht etwa, Shakespeare hätte uns nur Vollkommenes hinterlassen; ich behaupte sogar, daß er zwar fast keine schlechten Stücke, aber doch einige schwache Szenen schrieb, ja, ich räume ein, daß die *Zähmung der Widerspenstigen* Derbheiten enthält, daß sie ein leider höchst unvollkommenes Werk ist, ein etwas nachlässig ausgeführtes Fresco, dessen faszinierende Rahmenhandlung er fallen ließ, um sie unbekümmert den Komödianten seines Theaters zu überlassen. Doch liegt die Größe Shakespeares nicht in seiner Perfektion, sie liegt in seiner Fähigkeit, aus allem, aus den Stoffen, die er bald von diesem und bald von jenem übernahm, nicht nur seine Welt, sondern *die* Welt zu machen, eine Fähigkeit, die, so bin ich überzeugt, ihn nie – also auch hier nicht – verließ, weil sie seine Natur, seine Genialität war. So ist denn Petrucchio aus Natur, nicht aus Konzeption, mehr als ein zynischer Grobian, der, weil er Geld braucht, ein böses Mädchen heiraten will: Er ist ein Hans im Glück und ein Eulenspiegel zugleich – wie der Feder Rabelais' entsprungen –, ein Ungetüm an Vitalität, Phantasie und Einfall, den zwar zuerst das Geld und der Reichtum anlocken – das macht den Kerl so echt (welcher Romantiker hätte dieses Motiv gewagt), der dann aber unvermutet ein Mädchen findet – und auch dieses Finden ist eine Genialität –, das seiner würdig ist, ebenso wild und widerspenstig wie er, welches er nicht nur zähmt, sondern das er lieben lernt, indem er es lieben lehrt: nur die Liebe macht die Schlußrede der Katharina möglich, immer noch möglich.

Dieses Gleichnis deutlich zu machen, wäre Aufgabe der Regie gewesen, die sich aber nun, nicht etwa aus Ungeschicklichkeit, sondern weil sie im Stück nur eine Posse sah, auf das verlegte, was nicht zur Fabel gehörte. Statt von Shakespeare auszugehen, ging sie nun von einem Regieprinzip aus. Anstatt den Sinn aufzudecken, verdeckte sie ihn. Der Einfall, Clowns als Bühnenarbeiter zu verwenden, wurde zum zentralen Mittel, mit dem sie arbeitete. Mit dem Licht, das Kraut im *Tanz ums Geld* aufgegangen ist, steckte er nun Shakespeare in Brand; zuerst ging, der gefundenen Bühnentechnik zuliebe, der herrliche Anfang, die Rahmenhandlung, in Flammen auf, die Geschichte vom Trunkenbold, der, aus seinem Rausch erwachend, sich durch eine Posse unvermutet in einen König verwandelt sieht, dem man zur Erheiterung die *Zähmung der Widerspenstigen* vorspielt; diese Zähmung eines Säufers, welche, selbst ein Theater, die eigentliche Komödie in ein Theater auf dem Theater erhöht: Dies alles, dieser Hintergrund, bei dem die Regie hätte einsetzen, von dem aus sie mit dem gleichen Einfallsreichtum hätte gestalten sollen, fiel fort. So opferte Kraut seinem Einfall ausgerechnet einen der stärksten

Bühneneinfälle Shakespeares, weil dieser in Krauts Konzeption, die einen anderen, nicht mehr sinnbildlichen, sondern rein artistischen Hintergrund setzte, keinen Sinn mehr haben konnte.

Der Rest, diese nun zur bloßen Posse gewordene Komödie, spielte sich daraufhin zur Freude des Publikums eine Dimension tiefer im Parterre des allgemeinen Vergnügens ab, während das Poetische gespenstisch und wortlos im Niemandsland zwischen den Akten herumgeisterte, wo Kraut, ohne Stück, mit sich selbst, den Clowns, welche die Bühne umbauten, und dem Bühnenbild Teo Ottos, Regie führte: der Unfall eines hochbegabten, aber hier blind auf seine Idee versessenen Regisseurs. Dazu kam, daß Jane Tilden als Katharina eine nicht ungefährliche Besetzung war, verhängnisvoll besonders den unglücklichen Prinzipien dieser Regie: gerade diese Rolle hätte um der Deutlichkeit willen nicht mit einer für das Komische so begabten Künstlerin besetzt werden sollen, kam es doch darauf an, sie zu verwandeln. Vor allem hätte sie nicht neben einem so überlegenen Komödianten wie Gustav Knuth stehen dürfen, der denn auch, ungezähmt, samt allen andern, in den Katarakten einer sich immer steigernden, bald sinnlos gewordenen Situationskomik unterging. Auch seine große Kunst konnte einen Abend nicht mehr retten, den ein begeistertes Publikum nicht hätte gerettet sehen wollen.

Offener Brief des Schriftstellers
Friedrich Dürrenmatt
an den Theaterkritiker Friedrich Dürrenmatt,
Ferdinand Bruckners
›Pyrrhus und Andromache‹ betreffend

1952

Mein Herr,

daß Sie den Zufall, der uns in dieser unglücklichen Première nebeneinandersitzen ließ, nun dahin ausnutzen,
sich an mich um Rat zu wenden, finde ich erstaunlich,
um so mehr, da Sie, wie ich hoffe, genau wissen, wie ich
von Ihnen denke. Doch mag ich es Ihnen gönnen, daß
nun einmal Ihr Witz Sie im Stiche läßt: Darauf, mein
Herr, habe ich schon lange gewartet. Nichts war komi-
scher, als Sie an diesem Abend zu beobachten; ich hätte
alles daran gegeben, Sie auf der Bühne zu sehen und nicht
das Stück. Daß es Sie gibt, mag ein Pech sein, welches ich
zwar bedaure, aber nicht ändern kann; daß Sie sich in
Ihrem Beruf wichtig nehmen, mag die traurige Vorbedin-
gung sein, ihn auszuüben. Daß Sie jedoch in die Lage
geraten, zwar einzusehen, daß Sie gegen Windmühlen
kämpfen, doch nicht imstande sind, die wahrlich klapp-
rige Rosinante Ihres Geistes aufzuhalten und so, man
darf schon sagen, gegen sich selbst losrennen, ist ein
Schauspiel, das mich wie nicht ein zweites amüsiert:
Nichts ist grotesker denn ein Kritiker, der sich selbst

verreißen muß, um einer Sache gerecht zu werden. Mein Herr, nun zur Sache: Daß mir Ferdinand Bruckners *Pyrrhus und Andromache* nicht gefallen hat, war wohl ebenso von meiner Miene abzulesen wie von der Ihren; daß Sie jedoch an diesem Abend zum ersten Mal nicht geklatscht haben, war eine Unhöflichkeit, die Ihnen nachzusehen ich nicht den geringsten Grund habe. Schauspieler wie Walter Richter, Maria Wimmer und Maria Becker, ein Albin Skoda, eine Traute Carlsen und ein Hermann Wlach, eine Anne-Marie Blanc verdienen Beifall, auch wenn das Stück nicht von Bruckner, sondern von Ihnen stammte: Ich dagegen habe nicht geklatscht, weil das, was auf der Bühne geschah, die Tragödie einer Aufführung und nicht die Aufführung einer Tragödie war, ein verzweifelter Versuch, von der Unmöglichkeit eines Stückes auf die Möglichkeit des Spiels hinüberzuspringen, der Unsinn eines Unternehmens, das darin besteht, einer Mutter, die mit einem Wechselbalg niederkommt, durch eine atemraubende Hebammenkunst zu einem normalen Kinde verhelfen zu wollen, mit einer großartigen Besetzung ein Stück auf den Zuschauer loszuschießen, das nie hätte geschrieben werden sollen. Mitzuleiden ziemte es sich hier, nicht mitzuklatschen. Ich wollte nicht gleich einer Ratte das sinkende Schiff auf dem Rettungsboot des Beifalls verlassen, der nicht dem Stück, sondern der Regie und den Schauspielern hätte gelten sollen. Mit einer Hand kann man nicht klatschen. Mit diesem Regisseur, mit diesen Schauspielern, aber auch mit diesem tödlich verunfallten Autor da und nicht mit Ihnen, mein Herr, lohnt es sich zu sterben. Nichts spricht mehr für die Regie Wälterlins, nichts aber mehr auch für die Kunst dieser Schauspieler, als daß der Sprung aufs rettende Ufer einer hervorragenden Aufführung trotz allem sinnlos war, daß die Darsteller wie schöne, aber unsinnige Dinge irgendwo auf der Bühne einfroren, daß die Regie als ein monumentales Lehrbeispiel wirkte, wie Tragiker aufzuführen seien (so muß man gehen, so sich wenden, so zusammenbrechen – ohne jedoch ein Stück dazu zu geben und ohne eine bestimmte Tragödie zu meinen), daß die stilisierte Sprache Bruckners, von den Schauspielern bis ins letzte beherrscht, so zufällig wirkte, als könnte man mit gleicher tragischer Wirkung Küchenrezepte hersagen. Doch, hätte dies alles Sinn gehabt, wäre diese Quadratur des Kreises möglich, hätten dieses Stück, dieser Pyrrhus und diese Andromache leben können, wie etwa der Pyrrhus und die Andromache Racines trotz Bruckners Vorwort noch leben. Ich unternähme es, als Schriftsteller, der ich nun einmal wie Bruckner bin, als sein Kollege, stehenden Fußes hinzugehen, meine Orestien zu dichten, vielleicht etwas ins Moderne umgewandelt, eine Tragödie um die andere, einen Prometheus um den andern, einen Tiefsinn um den andern. Ein Narr, der nicht wie Rubens malen, der nicht wie Beethoven komponieren oder griechische Tempel bauen möchte.

Mein Herr! Kommen wir nun auf Ihre Unzulänglichkeit zu sprechen, auf die Aufgabe, die Sie nicht erfüllen können, wie Sie wissen, und die Sie doch erfüllen müssen, soll man Ihresgleichen noch einen Sinn zubilligen; auf die Komödie, die Sie mir bieten. Ich bezweifle nicht, daß Ihnen der Beweis gelingen wird, daß dieses Stück Bruckners vom Sohne Achills, der die gefangene Andromache liebt, das Weib Hektors, diese Geschichte von der letzten Tat des Orest, schlechter als die *Andromaque* des

Racine ist, aber dieser Ihr Beweis interessiert mich nicht: Kritikern gegenüber bin ich ebenso grausam wie Sie mit mir. Beweisen Sie mir vielmehr, daß dieses Stück nicht unmöglich ist, weil es schlecht, sondern schlecht, weil es unmöglich ist, daß der Weg nicht mehr zu gehen ist, den Bruckner hier geht, auch wenn ihn ein unvergleichlich größerer Dichter beträte. Sie erbleichen, Herr Dürrenmatt. Sie wagen diesen Beweis nicht zu liefern? Sie hofften, das Stück mit einem Satz abzutun, wie etwa mit dem, das traurigste Schicksal des Orest bestehe darin, daß sich immer wieder ältere deutsche Dichter mit ihm beschäftigten? Wie sollte ich mich mit dem zufriedengeben? Bruckner stellte die Behauptung auf, so sei heute zu dichten, in dieser Richtung, auf die reine Tragödie hin, und das ist zu widerlegen. Ein schlechtes Stück hinzurichten, ist leicht, doch einem unmöglichen kommt man ebensowenig mit Beweisen bei wie der Erbsünde. Sie entrüsten sich, daß ich Ihnen eine Sisyphusarbeit zumute, doch ist sie Ihre Aufgabe, mein Herr, nicht die meine, das wissen Sie so gut wie ich, die Aufgabe, an der Sie sich endlich das Genick brechen. Den Stein zu wälzen wird Ihnen nichts nützen, wo die unmittelbare, keines Beweises bedürftige Einsicht fehlt, daß Ferdinand Bruckners *Pyrrhus und Andromache* ein unmögliches Stück ist, und da, wo diese Einsicht vorhanden ist, sind Sie nicht nötig. In der Kunst sieht man, oder man ist blind, doch die Beweise des Sehenden können nicht für den Blinden gelten. Ich habe Ihnen nichts mehr zu sagen. Ich lasse Sie stehen.

Weh dem, der lügt

Lustspiel von Grillparzer
1952

Wenn die fünf Jamben, aus denen der Vers der Klassiker
besteht, nicht etwas Zufälliges sind, nicht nur eine Technik des Schreibens, sondern eine Form der Sprache, eine
Struktur, die auch die Gestalten, ja die Handlung mitbe-
stimmt, so ist zu fragen, ob dann nicht Grillparzers *Weh
dem, der lügt* ein darum danebengeratenes Stück sei,
weil es zwar noch die klassische Sprache habe, aber
gerade dadurch wesentliche Teile seines Stoffs nicht
gestalten könne, die hier angenommene Welt eines
ebenso naiven wie wilden Volks nämlich. In Hinsicht auf
die Form bin ich Fatalist: Sie diktiert den Stoff. Grillparzer war ein großer Rhythmiker, die Art etwa, wie er
Galomirs Sprache (Gustav Knuth!), diese primitiven
Lautgebilde ins Jambische übersetzt, ist erstaunlich, ähnliches ist ihm immer wieder gelungen – man denke nur an
die Kanzleisprache Wolf Rumpfs im *Bruderzwist* –, doch
besitzt sein Vers, sein noch echter Vers, nicht mehr die
Tragfähigkeit, die seine Stoffe verlangen: er ist immer wie
am Einstürzen. Grillparzer muß darum die Stoffe ver-
kleinern, damit sie für seine Kunst stimmen. Hier nun
behandelt er einen Stoff naiv, der nicht naiv behandelt
werden kann. So ist denn nicht zu machen, was eigentlich
gemacht werden müßte. Man wehrt sich dagegen, die
Germanen als bloße Trottel zu sehen, da doch so der

Befreiung des Atalus durch den Küchenjungen Leon jedes Gewicht genommen wird und dieser Versuch, die Welt ohne Lüge zu bestehen, so wenig schwer erscheint, daß man sich wundert, ihn nicht ganz gelungen zu sehen; man begreift, daß hier echte Wilde gemeint sind und daß Grillparzer in der Gestalt der Edrita die Kraft des Christentums, nicht nur zu erlösen, sondern auch Kultur zu bringen, verherrlichen wollte – doch kann man sie nicht anders denn grotesk spielen, wenn man nicht die Fragwürdigkeit des Stücks zugeben will. Es ist unmöglich, Galomir so zu gestalten, wie ihn Grillparzer gesehen haben möchte, »tierisch, aber nicht blödsinnig«. Wenn das Publikum nicht einmal hier lachen darf, wird es einschlafen. So retteten denn Leopold Lindtberg und Teo Otto die Aufführung ins Mögliche, aber auch Harmlose hinüber: Ein toter Hirsch wurde gegen ein gesundes Schaf eingetauscht; ein Handel, bei dem niemand recht glücklich wurde. Doch freute es den Kritiker, in Peer Schmidt einen jungen und äußerst sympathischen Leon kennengelernt zu haben und mit ihm einige doch noch wahrnehmbare Verse Grillparzers.

Liebe, Freundespflicht und Redlichkeit

Komödie von Francisco de Medrano

1952

Würde Medranos Stück als gleichgültiges Reck, mit beliebig anderen dieser Sorte zu vertauschen, nützlich, die Schauspieler und den Regisseur gleichsam vor turnerische Probleme zu stellen, als ein Examen, also vor Experten und Freunden des Hauses an einem Sonntagvormittag dargeboten, so hätte man zu ihm das zu sagen, was das natürlichste wäre, um nicht in den Verdacht zu kommen, ein hoffnungsloser Schmock zu sein: Nichts – um so mehr, da ganz wacker geturnt wurde. Gegen den Unfug jedoch, das Ganze literarisch aufzuziehen, ist entschieden Stellung zu nehmen. Daß dieser Spanier des sechzehnten oder siebzehnten Jahrhunderts über eine »der hohen Achtung würdige Poesie« verfüge, ist nicht gerade unmöglich, wenn auch nicht leicht nachzuprüfen, doch blieb sie, falls vorhanden, im Grabe liegen, aus dem man das Skelett schaufelte im naiven Glauben, es komme gleich auch zu einer Auferstehung, wenn man eine Leiche zeige. Der verständliche Trieb nach Sicherheit, der das Publikum immer wieder verführt, von einem Klassiker auf die bloße Empfehlung hin, er sei wirklich einer, auch falsches Geld für bare Münzen zu nehmen, läßt sich zwar leicht in jene Profite umsetzen, die der Grund dieses Theaterabends zu sein scheinen – hoffen wir wenigstens dies –, doch läuft dabei der Kredit jener Gefahr, rettungslos zum Teufel zu gehen, die im Schauspielhaus noch immer eine der ersten Bühnen Europas sahen. Dies vor allem auszusprechen ist Sache der Liebe, Freundespflicht und Redlichkeit.

Der fröhliche Weinberg

Lustspiel von Carl Zuckmayer

1952

Nichts wäre dem Kritiker erwünschter, als den *Fröhlichen Weinberg* für eine Harmlosigkeit nehmen zu können, die zu übersehen ist wie andere Harmlosigkeiten auch, die in der Hauptsache eine wohlgelungene Wirtshausprügelei bringt, an der man seinen Spaß haben kann, des weiteren davon lebt, daß jene Körperteile, in Folge deren man lebt, auch gleich als der Zweck dargestellt werden, um dessentwillen man lebt. Doch da Zuckmayer es nicht lassen kann, das Ganze als Dichtung anzumelden, und so in ein Gebiet vorstößt, wo seine Meinung, fürs Inwendige gebe es keine Straf', nicht als Freipaß gelten darf, muß denn wohl in den bitteren Kampf gezogen werden: bitter nicht nur darum, weil es gegen einen Autor geht, der mit dem *Hauptmann von Köpenick* ein gutes Stück schrieb, sondern vor allem darum, weil es ein Kampf gegen die Ahnungslosigkeit ist.

Machen wir uns keine Illusionen. Die Ahnungslosigkeit des Autors und jene der Theater, die den *Fröhlichen Weinberg* 1925 zur Aufführung brachten, und endlich jene naturgemäße des Publikums, das diesem Stück zujubelte, war zu bedauern, aber menschlich, wollte man doch von den schweren Zeiten, die herrschten, auf der Bühne nichts wissen. Doch da nun wieder inzwischen ganz andere Taschenmesser aufgeklappt worden sind als jene, die der Autor meinte und das Publikum belachte, ist zwar gegen die erneute, nun schwerer wiegende Ahnungslosigkeit, das Stück von neuem zu starten – immer sieben Jahre nach einem Krieg scheint die Rechnung zu sein –, mit aller Deutlichkeit Stellung zu nehmen. Diesmal freilich mit dem Bewußtsein, daß es keine schützendere Mauer für die Angegriffenen gibt als eben gerade die Ahnungslosigkeit, die der Grund ihres Schreibens und Handelns ist. Doch verlieren wir über einen Fall keine Worte, der es gleichgültig macht, wie und von wem gespielt wurde, dessen kulturelle Kriminalität wichtiger ist als seine künstlerische und bei dem jedes Wort, das nicht ins Schwarze trifft, Vergeudung ist und daher auch in einer Richtung abgeschossen werden muß, die ein Ziel verspricht.

Daß dieses Stück nicht so sehr eine erotische denn eine geistige Zote ist, stellt eine Wahrheit dar, die zu sehen jenes Publikum kaum fähig ist, das nur dann unruhig wird, wenn es Dinge hört, die ungemütlich sind, und nicht Dinge, wie bei Zuckmayer, an die es gerade dann denkt, wenn es gemütlich sein will. Auch vom Autor läßt sich eine solche Einsicht nicht erwarten, da er doch gerade diese urgemütliche Weltversöhnung durch Wein, wahre Lieb' und was man sonst noch im Volkston in Ligusterlauben und hinter der Scheune treibt, nur aus dem ehrlichen Grunde geschrieben hat und wieder aufführen läßt, weil er diese Menschen liebt – o welche Zeit, in der diese Liebe nicht mehr genügt! – und weil er an diesen Brei glaubt, in dem alles möglich ist und alles Platz findet, durch den sich ein jeder fressen muß, wenn er sich im Schlaraffenland Zuckmayers zur Ruhe legen will, auf dem sanftesten Ruhekissen, das sich denken läßt. Doch daß diese Erkenntnis auch nicht beim Schauspielhaus zu finden war, daß dieses im Verlauf der Jahre nicht etwas mehr Respekt vor dem »Stückelche Vieh« bekam, das in Gunderloch steckt, daß das Theater am Pfauen es offenbar nicht merkt, noch immer nicht, daß nicht so sehr die Schieber und Geschobenen dieses Stücks, sondern vor allem die Gunderlöcher Nazis wurden, deren Riesendummheit auch das goldigste Gemüt nicht gewachsen ist, daß es heute unmöglich wird, den Antisemitismus einerseits zu verurteilen, aber zugleich etwas Gottgegebenes als harmlos darzustellen, und daß einmal ein Herr Eismeier aller Zonen und Länder noch etwas ganz anderes abstechen wird denn eine Sau: Daß man dies dem Schauspielhaus *nicht* zutrauen kann, hätte *ich* ihm nicht zugetraut.

Es wird mir vorwerfen, ich nehme Zuckmayer zu ernst und mache aus ihm einen Fall, der er gar nicht sei. Zugegeben. Ich nehme ihn ernster, als das Schauspielhaus ihn nimmt, und ernster, als er sich selbst nimmt, und mache aus seinem Fall den der Menschheit. Das Theater bedeutet immer noch die Welt und folglich der *Fröhliche Weinberg* – auch dieses Stück – ein Welttheater. Was dann aus Gunderloch, Klärchen und Eismeier wird, und wie sie alle heißen, ist denn freilich ein Pech: der tiefste Grund jener unglücklichen Ereignisse, deren Beendigung sieben Jahre später die Uraufführung und Wiederaufführung eben des Stückes nach sich zieht, in denen sie vorkommen, auch wenn sie ihre Sache mutig anfangen, leicht anfangen, fröhlich anfangen. In solcher Sicht ist Zuckmayer vergrößert. Auch das ist richtig. Doch nur so kommt man ihm bei. Daß aber aus dem einst revolutionären Schauspielhaus mit der Zeit ein reaktionäres Theater wird, ist eine andere, auch traurige Angelegenheit.

Gespenstersonate

Kammerspiel von Strindberg
1952

Nach langem wieder ein wichtiger Abend, vielleicht der wichtigste dieser traurigen Saison. Das Stück Strindbergs ist bedeutend, bedeutender als irgendein zeitkritisches Stück Ibsens, *gerade* weil Strindberg anders ist, es anders macht. Die *Gespenstersonate* ist nicht eigentlich eine Handlung, mehr eine Stimmung, so sehr Stimmung, daß die Handlung dazu nicht ausreicht, daß zwei Handlungen, zwei Ideen miteinander verwoben sind, mehr nacheinander als ineinander: die gespenstische Tragödie des »Alten«, des Richters, der gerichtet wird, und der vergebliche Versuch des Studenten, sich mit der bürgerlichen Gesellschaft zu verbinden, das »Fräulein« zu heiraten. Die bürgerliche Gesellschaft: Keine Frage, daß damit diese teils schon toten, teils nur verwesten Menschen im Hause des Obersten gemeint sind, diese Gespenstergesellschaft mit ihrem Gespenstersouper, ineinander verbissen, durcheinander verschuldet, mit falschen Namen, falschen Titeln, falschen Berufen, die schweigen, weil sie einander kennen, die am Abend in die *Walküre* gehen und deren schrecklichste Gestalt in einem Wandschrank sitzt, halb Papagei, halb Mumie (Traute Carlsen). Es ist auch keine Frage, was der große Dichter mit der Köchin meint, so sehr keine Frage, daß der Sprengstoff dieses Stücks, seine Ungemütlichkeit den mehr als gemütlichen, reaktionären Spielplan dieses Winters über den Haufen rannte. Um so erfreulicher, um so besser, daß dies auch von der Regie her und von den Schauspielern aus geschah. Dieses kurze, so ganz und gar nicht »gebaute« Kammerspiel, geschrieben um 1907, ist eines jener Stücke, in welchen Strindberg nicht nur auf der Bühne, sondern auch mit der Bühne dichtet. Die Bühne ist nicht von Anfang an da, als Schauplatz, sie wird im Verlaufe der Handlungen, Gespräche, Erscheinungen, sie füllt sich, verwandelt sich, und wenn auch Leonard Steckel, der Regisseur, die Dinge naturgemäß sicher abstrakter wiedergab, als sich dies Strindberg um die Jahrhundertwende denken konnte (der am Schlusse die Toteninsel Böcklins erscheinen läßt), so liegt doch jede Abstraktion Steckels schon in diesem Stück, ebenso wie die Möglichkeit des Bühnenbilds, die Teo Otto gab, in welchem, besser, durch welches die Menschen und die Gegenstände auf gleiche Weise vermodern und durchsichtig werden. Doch dies nicht grau in grau, sondern in allen jenen Farben, die auch bei der Verwesung anzutreffen sind: bei farbigen Käfern, bei einem leuchtenden Stofffetzen usw. So wurde es denn auch deutlich, was an diesem Strindberg erregt, diese bedrückende Fähigkeit, seine Gestalten ins Mythische wachsen zu lassen, Weltinnenraum zu werden, »zu den Müttern hinabzusteigen«.

Die Schauspieler: Wenn auch der sympathische und ohne Zweifel so begabte Peer Schmidt nicht eben für seine Rolle geeignet war, so gab es dafür daneben die großen Leistungen Walter Richters, Traute Carlsens und Gisela Matthisents, die wiederzusehen man sich freute und die es im dritten Akt wirklich nicht leicht hatte. Der Grund, weshalb hier Strindberg verunglückte, mag vielleicht darin liegen, daß er in diesem Drama eine Technik anwendet, die, vollendet, nur im Einakter möglich ist. Dann bot Richter vor allem, als riesenhafter, gelähmter, achtzigjähriger Direktor Hummel, wohl die aufregendste, die dichterischste Gestalt dieses Winters. Er und die ihm ebenbürtige Traute Carlsen bewiesen, was im Schauspielhaus immer noch möglich ist und öfter möglich sein sollte.

Zweimal Shakespeare

Zu zwei Aufführungen im Rahmen der Juni-Festspiele
1952

Bevor man zwischen der deutschen Aufführung *Richards des Zweiten* und der französischen des *Hamlet* Vergleiche zu ziehen beginnt (bevor man einer Versuchung nachgibt, die nur allzu schnell zu der billigen Meinung führen könnte, die Deutschen seien wieder einmal tiefer und die Franzosen wieder einmal formvollendeter gewesen), muß bedacht werden, daß beide Aufführungen, jene des Schauspielhauses und, am folgenden Abend, jene der Truppe Madeleine Renaud/Jean-Louis Barrault, zwar einen Shakespeare wiedergaben und insofern das gleiche wagten, aber, da sie nicht dasselbe Stück spielten, schon aus diesem Grunde nicht das gleiche tun konnten. Wenn auch auf den ersten, flüchtigen Blick hin der unglückliche König Richard der Zweite mit dem nicht minder unglücklichen Prinzen von Dänemark viel Gemeinsames hat, so entfernen sich, schaut man näher, genauer hin, die beiden Gestalten so sehr voneinander, daß sie sich kaum mehr zu berühren scheinen. Das Gemeinsame der beiden erstaunlichen Dramen ist, daß sie sich ganz im Diesseits bewegen, aber vom Jenseits bewegt werden. Hamlet erfährt vom Geist seines Vaters das Verbrechen, welches er rächen muß, und König Richard ist von außen her, durch Gottes Gnade, zum König gesalbt, König daher noch, wenn er Unrecht tut, in Wahrheit unabsetzbar, auch wenn er sich aufgibt: nie ist die Gerechtigkeit der Welt größer als die Gerechtigkeit, die auch noch im Unrechttun dieses Königs liegt. Nicht nur Bolingbroke, der spätere Heinrich der Vierte, der Richard stürzt, wird schuldig, jeder in diesem Stück wird es. Die Ohnmacht der Mächtigen, schuldlos zu sein, macht ein Königtum notwendig, das »von Gott« eingesetzt ist, und gibt König Richard Recht: der politische Sinn dieses großen Stücks. Als schrecklicher Rächer Richards des Zweiten wird einmal Richard der Dritte erstehen. Richard ist der Gnade nicht gewachsen, die nicht von ihm weichen will (das ist das Rätselhafte). Hamlet dagegen ist nun wohl etwas anderes, seine Verzweiflung eine andere, und nur vorsichtig wäre hier vielleicht festzustellen, daß Hamlet dort beginnt, wo Richard der Zweite endet.

Dies vorausgeschickt, darf gesagt werden, daß keine der beiden Aufführungen schlechter war denn die andere, daß aber die Fehler, welche sie nicht zu großen Aufführungen werden ließen, verschieden waren. Dabei war die Bühnenlösung an beiden Abenden glücklich: die Franzosen gingen von der Überlegung aus, daß vor allem ein schneller Ablauf für das Riesenstück zu erreichen sei, um so mehr, da sie weniger strichen, als es sonst hierzulande üblich ist. Sie errichteten eine Bühne, die zur Hauptsache mit Vorhängen und der Beleuchtung arbeitete; wie sie das machten, war denn auch das eigentlich Größte an diesem Abend, der seinen Höhepunkt in der Erscheinung des Geistes fand. (Auffallend: die Beleuchtung änderte auch in den Szenen und wurde oft zu einem Medium, die Handlung gleichsam vorwärtszutreiben. Die Blumen, die Ophelia fallen ließ, blieben auf der

Bühne, bis sie von den Totengräbern ins Grab geschaufelt wurden. Merkwürdig dann, wie schlecht oft die Kostüme waren, besonders im peinlichen Schluß.) Für Teo Otto stellte sich jedoch im *Richard* eine andere Aufgabe: dieses Bühnenstück verträgt in weit geringerem Maße eine Abstraktion als *Hamlet*, der sich wie *Macbeth* oder der *König Lear* vor einem doch mehr mythischen Hintergrund abspielt. Gerade im *Richard* durfte das Bühnenbild nicht zur Dekoration werden – wie bei den Franzosen in *Hamlet*, wo das auch möglich ist –, sondern die Bühne muß sich hier in »Welt« verwandeln, ein Außen sein, nicht ein Innen. Daher denn auch das Farbige dieses Bühnenbildes, sein Reichtum, das unerschöpfliche Hinstellen immer neuer Räume und Wälder. Die gleiche Aufgabe hatten im *Richard* auch die Schauspieler. Wie sehr er König zu sein vermochte, war denn bei Will Quadflieg entscheidend: es gelang ihm eine bedeutende Leistung, noch nie haben wir ihn so sparsam mit seinen Mitteln umgehen sehen wie hier. Ginsberg als Bolingbroke war sein glücklicher Kontrast. Dann jedoch machten sich die Schwierigkeiten des Stücks bemerkbar, die Unmenge der Personen nicht allein, sondern auch ihre merkwürdige, für die Königsdramen manchmal typische Unprofiliertheit. (Ein Grund kann darin liegen, daß Shakespeare in den Königsdramen ein Epos dramatisch wiedergibt, so daß sich das »dramatische Zentrum« auch innerhalb der Stücke verlagert: zuerst ist Richard Mittelpunkt, dann Bolingbroke, und schon kündet sich Prinz Heinz an, eine Dramatik, unter der dann die Nebenpersonen leiden. Sie erhalten, da sie ihr Verhalten dauernd ändern müssen, keine eigentliche Gestalt.) Es wäre nun die Aufgabe gewesen, auch hier, wie das Bühnenbild es tat, eine »Welt« zu schaffen, doch mißlang dies der sorgfältigen Regie Hirschfelds (besonders verhängnisvoll war es, daß die Günstlinge Richards, die ihn doch verführten, nicht vorhanden waren, obgleich sie auf der Bühne standen). Diese Aufgabe ist wohl von einem Dramaturgen kaum zu lösen.

Die Nebenrollen im *Hamlet* sind ungleich profilierter und deutlicher als im *Richard*, doch ist Hamlet derart im Mittelpunkt, daß sie wieder nicht so wichtig werden. So waren denn verschiedene unglückliche Besetzungen nicht so störend wie im *Richard*, alles lag in der französischen Aufführung auf Jean-Louis Barrault konzentriert. Die Frage war nur, inwieweit Barrault Hamlet sein konnte. (Eine andere Frage ist wieder, inwieweit Hamlet im Französischen, inwieweit er im Deutschen sein kann.) Lehrreich an seiner Regie war, wie deutlich er die Handlung darstellte – wie schwer ist doch oft der Ballast an Gefühl bei deutschen Aufführungen –, groß an seiner Darstellung alles, was sich durch die Bewegung ausdrükken läßt; sein Höhepunkt lag im Gefecht, sein Tiefpunkt, schien mir, in den Monologen; doch fiel er nicht auseinander, in einen guten und einen schlechten Barrault etwa, sondern seine Kunst war einmal ganz möglich und dann wieder unzureichend, aber immer dieselbe Kunst, derselbe Stil, ein Schatten, präzis, gespenstisch auf einer weißen Wand. Der Hamlet, der diesen Schatten warf, der sich wahnsinnig stellt, um seinen Vater zu rächen, war jedoch nicht vorhanden – auch dies war gespenstisch, war das eigentlich Faszinierende.

Plauderei über Kritik vor der Presse

1966

Herr Dr. Meier bat mich telephonisch, eine kleine Plauderei zu halten. Nachdem ich zögernd zugesagt hatte zu plaudern, kam ein Brief, worin mir Dr. Meier für die Ansprache dankte, die zu halten ich mich bereit erklärt hätte. Eine Ansprache ist eine Rede. Eine Rede ist in der Schweiz etwas Ernstes, in Deutschland etwas Tiefes und in Zürich deshalb, wie ich als Berner fürchte, etwas Tiefernstes.

Anderseits bin ich ein Schriftsteller, der immer noch verrissen wird, und ich stehe vor der Presse. Einer der Päpste, ich weiß nicht mehr, war es der jetzige, der vorige oder gar dessen Vorgänger, einer der Päpste hatte einmal eine Abordnung von Bankiers empfangen und der Abordnung eine überaus väterliche, freundliche und sicher überaus christliche Rede gehalten – ich weiß noch, wie enttäuscht ich war. Ich stellte mir die Situation vor: Der Papst auf der einen Seite, und auf der andern Seite die Bankiers. Welche Gelegenheit, den Bankiers die Köpfe zu waschen, gerade der Papst konnte sich das doch leisten! Ein wenig wie dieser Papst komme ich mir jetzt auch vor. Auf der einen Seite ich, auf der andern das internationale Presseinstitut: Ich sollte mir jetzt eigentlich leisten, was ich mir eigentlich nicht leisten kann und was der Papst, der es sich eigentlich hätte leisten können, sich nicht leistete: eine Strafpredigt zu halten.

Ich leiste es mir lieber doch nicht. Ich versuche besser, möglichst ungestraft davonzukommen. Möglichst. Denn ganz ungestraft kommt keiner davon, der sich mit der Presse einläßt. Ich gab neulich ein Interview. Einer Journalistin. Sie wollte meine Meinung über die neueste Literatur wissen. Ich antwortete ausweichend, daß ich noch keine Zeit gefunden hätte, sie zu lesen, weil es mir schwerfalle, mich abends mit der neuesten Literatur abzugeben, wenn ich den ganzen Tag selber neueste Literatur produziert habe. Das schrieb die Dame nicht. Sie schrieb: Dürrenmatt liest keine Bücher. Man fällt immer wieder herein. Man nimmt an, Journalisten könnten schreiben, weil sie Journalisten sind. Aber sie sind oft Journalisten, weil sie nicht schreiben können. Sie schreiben, wie jemand zeichnet, der nicht zeichnen kann. Man ist froh, wenn zwischen dem Geschriebenen und dem, was man sagte, eine gewisse Ähnlichkeit festzustellen ist. Ich muß es hier gestehen: Dieses Glück wird einem bei einem landläufigen Interview selten zuteil. Ich bin meistens unglücklich, besonders, wenn ich bei einem Wort genommen werde, das ich nie ausgesprochen habe.

Zu meinen Erfahrungen mit der Presse gehören natürlich vor allem meine Erfahrungen mit den Theaterkritikern. Ich stehe mit vielen von ihnen auf dem Kriegsfuß und gehe ihnen mit Vorliebe aus dem Wege. Kein Schriftsteller ist unempfindlich gegen Kritik, allein aus dem Grunde, weil es ein unkritisches Schreiben nicht gibt, weil die Frage, ob er gut schreibe oder schlecht, den Schriftsteller täglich bewegt, indem er nur schreiben kann, wenn er immer wieder die Zweifel an seinem Können zu überwinden vermag. Kein Schriftsteller ist je ganz sicher, ob er sein Metier auch beherrsche, die Frage ist nur, ob seine Kritiker das ihre beherrschen. Ich glaube, es gibt vier Klassen von Theaterkritikern. Die erste kann weder schreiben noch kritisieren, die zweite kann schreiben, aber nicht kritisieren, die dritte kann nicht schreiben, aber kritisieren, die vierte endlich schreiben und kritisieren. In der ersten Klasse befinden sich die meisten, in der zweiten die berühmtesten und in der vierten jene Kritiker, die etwas vom Theater verstehen. In der dritten Klasse befindet sich niemand, sie ist rein hypothetisch.

Über die erste Klasse brauchen wir, glaube ich, kein Wort zu verlieren, über die zweite Klasse, über jene, die zwar schreiben, aber nicht kritisieren können, lohnt es sich nachzudenken. Vorerst ist eine Unterscheidung zu machen, die zwar selbstverständlich ist, aber nicht immer gemacht wird. Theatergenuß und Theaterkritik sind nicht dasselbe, ebensowenig wie die Bewunderung eines Regenbogens und die Physik, welche die Entstehung des Regenbogens erklärt. Ein bloßes Lob oder ein Verriß stellen noch keine Kritik dar, sie sollte auch begründet sein. Man staunt, wie selten, oft gerade berühmte, Kritiker zu begründen wissen. Sie schreiben nur gut. Es steckt hinter ihrer Kritik nichts als ihre kulinarischen Vorurteile. Sie lieben die französische Küche oder deutsche Hausmannskost, ziehen russischen Salat vor oder amerikanische Konserven. Ihre Kritik ist ein Spiegel ihrer Persönlichkeit und nicht des Kritisierten. Ihre Begründungen sind glänzend polierte Geschosse, die sie abfeuern, ohne zu zielen, und die nur in der Einbildung des Publikums treffen. Wie will man auch beweisen, daß Heringe besser sind als Forellen? Doch ein gut geschriebenes Lob muntert auf, auch wenn es nicht begründet ist,

man kann einen Regenbogen begeistert beschreiben,
ohne zu wissen, wie er zustande kam. So gelobt, läßt man
sich natürlich auch eine solche Kritik gefallen. Aber auch
Kritik und Theater sind nicht dasselbe, ebensowenig wie
die Physik und die Natur. Ein Physiker kann alles über
die Physik wissen und doch vor einem neuen Naturphä-
nomen versagen. Er gibt dann entweder zu, daß die
Physik noch nicht fähig sei, dieses Phänomen zu erklären, daß der Fehler daher bei der Physik zu suchen sei,
oder er hält die neue Naturerscheinung für einen Schwindel. Es gibt Kritiker, die halten jede neue Dramatik für
einen Schwindel. Um auf die Päpste zurückzukommen:
Einer unserer Germanisten äußerte mir gegenüber einmal, ein gewisser deutscher Dramatiker, der jetzt etwas
vergessen ist und dessen Namen ich ebensowenig nennen
möchte wie jenen des Professors, habe mit seiner dahin-
geschluderten Sprache die deutsche Dramatik verdorben.
Wer nur etwas von diesem Dramatiker und von Sprache
versteht, dem wird aufgefallen sein, wie überaus kunstvoll und ziseliert dessen Theatersprache ist. Sie charakte-
risiert dessen Helden und gibt deren Schnoddrigkeit mit
einer so vollendeten Virtuosität wieder, daß der Professor glaubte, diese Sprache sei auch in Wirklichkeit vom
Dramatiker hinuntergeschludert worden. Er machte
einen Fehler, den Kritiker immer wieder machen: Er ging
nicht auf den Kritisierten ein. Nun hat natürlich ein jeder
von uns seine Animositäten. Auch in der Literatur. Ich
zum Beispiel bleibe in langen Romanen stecken, auch in
berühmten. Aber ich meine, es ist für mich bezeichnend
und nicht für die Romane, daß ich in ihnen stecken-
bleibe. Ich kann es mir leisten, wenn ich diese Romane
nicht kritisiere. Will ich sie kritisieren, muß ich sie lesen.

Unser Germanist liebt Goethe, und weil er Goethe liebt, kommt ihm alles bedeutend vor, was Goethe schrieb, auch das Unbedeutendste, das Goethe geschrieben hat. Würde er den Dramatiker wie Goethe lieben, würde er anders über den Dramatiker urteilen. Doch das ist natürlich kein Standpunkt, von dem aus sich Kritik treiben läßt, auch wenn wir Schriftsteller alle geliebt sein möchten wie Goethe. Eine Kritik muß immanent begründet sein. Sie muß die Qualitäten und die Fehler eines Stückes aufzeigen, indem sie das Stück vermittels der Spielregeln durchdenkt, die der Autor setzte und nicht der Kritiker. Kommt der Kritiker dieser Forderung nicht nach, ist seine Kritik nur der Ausdruck seiner Meinung und nicht der Ausdruck seines Wissens, sein Wissen um die Dramatik ist nebulos geblieben. Daß die Kritik ein Werk erst kritisieren kann, wenn sie es als Werk akzeptiert hat, ist ihr Paradox. Aber der Professor hat in einem recht. Er ist ein Liebhaber, wenn auch ein blinder, denn Goethe ist für ihn längst nicht mehr etwas Sachliches, sondern der Gegenstand seines Glaubens. Dennoch: Zur Kritik gehört Liebe. Auf eine Sache vermögen wir erst dann einzugehen, wenn wir sie als Sache achten. Diese Liebe braucht der Kritiker, sich hütend vor der Affenliebe und vor der Mißachtung.

Ein Kritiker schrieb einmal, die Kritik sei im Grunde etwas Leichtes, man müsse einfach lesen, was geschrieben stehe, der Schriftsteller wisse nur, was er gewollt habe, allein der Kritiker betrachte das Resultat. Wenn nur Lesen etwas Leichtes wäre. In meiner Komödie *Der Meteor* sagt der Nobelpreisträger Wolfgang Schwitter zu einer Abortfrau: »Die Wirklichkeit ist nicht am Schreibtisch faßbar, sondern nur in Ihrer blaugekachelten Unterwelt.« Diesen Ausspruch kann freilich jeder lesen, es fragt sich nur, wie er gemeint ist. Spreche ich damit ein Bekenntnis aus oder will ich nur den Zorn der Betroffenen provozieren – ich meine den Zorn der Literaten und nicht der Abortfrauen? Ich glaube, es liegt ein Mißverständnis vor, dem manche unterliegen. Viele sind auch heute noch der Meinung, daß ein Theaterstück eine Art Sprachrohr für den Dichter sei, mit Hilfe von Schauspielern Wahrheiten ins Publikum zu lancieren, als hätte Shakespeare den *Lear* nur geschrieben, um zu sagen, man solle streng mit seinen Töchtern verfahren, oder den *Hamlet,* um zu bedenken zu geben, daß Sein oder Nichtsein hier die Frage sei, Sophokles endlich den *König Ödipus,* um davor zu warnen, den eigenen Vater zu ermorden und mit der eigenen Mutter zu schlafen. Viele wissen immer noch nicht, daß die Dramatik wie die übrige Kunst einen bestimmten Weg eingeschlagen hat: Den Weg in die Fiktion. Ein Theaterstück kann heute eine Eigenwelt darstellen, eine in sich geschlossene Fiktion, deren Sinn nur im Ganzen liegt. Wer das nicht weiß, kann auch keine Partitur lesen. Die Aussagen – um ein Wort zu gebrauchen, das mehr als ein anderes im Theater Unheil angerichtet hat – die Aussagen des Dramatikers sind nicht Sätze, nicht Moral oder Tiefsinn, der Dramatiker sagt Stücke aus, sagt etwas aus, was nicht anders gesagt werden kann als durch ein Stück. Schwitters Ausspruch ist verständlich allein durch das Stück und ohne das Stück sinnlos, verständlich nur durch die Situation, in der er sich befindet und die ihn ad absurdum führt. Sein Ausspruch zeigt den Grad seiner Verzweiflung an, ist gleichsam der Neigungswinkel seiner schiefen Lage. Sein Ausspruch ist weder eine Wahrheit an sich noch eine Provokation, sondern der Ausdruck einer dramatischen Ironie, ohne die sich heute kaum noch Stücke und schon gar nicht Komödien schreiben lassen. Der naive Dramatiker vergißt sich wie ein Kind in seinem Spiel, er hält das Theater für die Wirklichkeit und seine Worte für Wahrheiten. Der bewußte Dramatiker weiß, daß Theater nichts anderes sein kann als Theater, ein brüchiges Gleichnis, immer wieder neu zu erdenken, für die Tendenzen der Wirklichkeit. Dieses Wissen ist seine Ironie. Ihr sollte die Ironie des Kritikers entsprechen, die von der Fragwürdigkeit einer jeden Kritik weiß, doch findet sich oft nur ein Zynismus, der eine schwere Aufgabe leicht lösen will, indem er sich durch voreilige Urteile vor der Notwendigkeit drückt, nachdenken zu sollen.

Meine Damen und Herren, befindet sich zufälligerweise ein Kritiker unter Ihnen, so bitte ich ihn, meine Rede so zu ertragen, wie ich seine Kritik ertragen würde: mit Humor. Es bleibt uns beiden nichts anderes übrig. Im übrigen ist es eine Streitfrage, wieviel Wahrheit in der Presse steht. Fünf, zwölf, zwanzig, vierundsiebzig Prozent? Ich weiß es nicht. Nicht einmal die Busen sind alle echt, die wir in den Illustrierten bewundern. Was die Theaterkritik angeht, so enthält sie mehr Meinungen als Wahrheiten, und um das zu beweisen, habe ich Ihnen zwar keine Strafpredigt gehalten, aber mit Ihnen etwas Dramaturgie getrieben. Der deutsche Dramatiker Frank Wedekind – jetzt kann ich den Namen ja nennen, denn ich habe vorhin von ihm gesprochen – war Pressechef bei Maggi, bevor er Dramatiker wurde. Als Pressechef hat er beim Bankett des Verwaltungsrates die Herren gezwungen, die Suppen zu essen, die sie produzierten, und so war es nur recht und billig, daß auch ich bei diesem Schlußbankett Sie gezwungen habe, etwas über die Kritik nachzudenken, die Sie produzieren.

Zum siebzigsten Geburtstag von
Elisabeth Brock-Sulzer

1973

Liebe Frau Brock!
Weil Sie Feierlichkeit und Feierlichkeiten nicht besonders
lieben, rede ich Sie denn so an, wie Sie mich einst baten,
Sie anzureden. Es fällt mir offengestanden auch schwer,
Ihnen gegenüber feierlich zu werden, wie ich es doch nun
eigentlich tun sollte, mit der erstaunlichen Tatsache kon-
frontiert, daß man Ihnen ein Alter anhängt, und gleich
ein solches; nicht nur weil die »alte Dame« der Literatur-
kritik überhaupt keine alte Dame ist, sondern weil, mit
ihr verglichen, so mancher der heutigen »Phil-Einser«,
die, kaum der Hochschule entkrochen, schon das Zepter
der Theaterkritik schwingen, greisenhaft wirken, von
Theater und Literatur übersättigt, angeekelt, des Wissens
müde.

Was nun diesen Brief betrifft, so schreibe ich ihn – wie
Sie erraten haben werden – nicht völlig aus eigenem
Antriebe heraus, sondern auf den Wunsch Erwin Jaeckles
hin – ich hätte es lieber privat getan, das Öffentliche liegt
mir ebenso wenig wie Ihnen. Auch sonst. Unsere Bezie-
hung ist ja nicht eine ganz undelikate, nicht nur, daß Sie
Kritikerin sind und ich einer von den vielen, die Sie mit
Ihrer Kritik gewürdigt haben, mehr, Sie haben mein
Schaffen vom Augenblick an, als es zum Vorschein kam,
mit einer Vehemenz begleitet, kommentiert und vertei-

digt, die ihresgleichen sucht. Sie waren ein Echo, und
was für eines. Ich denke, so wie Sie zu dieser Tatsache
stehen, habe auch ich dazu zu stehen. Ich darf Ihnen auch
öffentlich dafür danken, Sie machten mir immer wieder
Mut, weiterzuschreiben.

Doch lassen wir meinen Fall beiseite. Als ich Sie
letzthin anrief, versuchte ich vorsichtig, einige Auskünfte
von Ihnen zu erhalten, Sie wurden gleich mißtrauisch.
Dann erzählten Sie mir, Sie hätten eigentlich nie Theaterkritiker werden wollen, Ihr Wunsch sei gewesen, eine
Assistentenstelle an der Universität gegen eine beschei-
dene Besoldung anzunehmen, aber eine solche Stelle
hätte es damals an der Universität noch gar nicht gegeben, so seien Sie Lehrerin geworden und hätten für
Zeitschriften Bücher besprochen, worauf Sie jemand
gefragt hätte, ob Sie nicht billig ins Theater gehen wollten, und so seien Sie Theaterkritikerin geworden; doch
wollten Sie mir nicht sagen, wie lange Sie seitdem an der
Theaterfront ausharrten, es gehöre sich einfach nicht, nur
daran zu denken. Nun, allein an der ›Tat‹ wirkten Sie als
Nachfolgerin Bernhard Diebolds bald dreißig Jahre,
berichtete mir die ›Tat‹.

Liebe Frau Brock, Sie haben mich so oft zitiert, daß Sie
mir schon gestatten müssen, auch Sie zu zitieren: »Liebe
ich das Theater?« fragten Sie sich einmal und fuhren fort:
»Daß es mich verzaubert, das weiß ich. Aber heißt
Verzauberung auch schon Liebe? Und wenn ich mich
gegen die Verzauberung auf meine Weise wehre, heißt
diese Gegenwehr schon Haß? Liebe oder hasse ich das
Theater? Ich weiß es nicht. Vielleicht ist diese meine
Unsicherheit ein Anlaß mehr zu diesem Buch gewesen.«

Im Zeitalter des Spezialistentums werden die Kritiker

nicht mehr zu den Schriftstellern gezählt, sie werden den
Journalisten zugeordnet. Das ist natürlich Unsinn. Den
Grund, den Sie für Ihre kritischen Bemühungen angegeben haben, könnte ich auch für meine Versuche nennen,
immer wieder Theaterstücke zu schreiben. Auch ich weiß
nicht, ob ich das Theater liebe oder hasse, ob ich überhaupt Schreiben liebe oder hasse. Und wenn Sie später
bemerken, Sie könnten kaum ohne dieses oder jenes
lyrische Gedicht sein, kaum ohne den *Grünen Heinrich*,
die *Chartreuse de Parme*, kaum ohne den *Prinz von
Homburg*, den *Misanthrope*, die *Bérénice* – aber ohne
deren Aufführung könnten Sie sein –, so geht es mir auch
so. Ich würde zwar andere Namen einsetzen, aber auch
wenn es kein Theater mehr gäbe, hätte ich wohl für ein
Theater geschrieben, für das Theater meiner Träume –
alles, auch die Bühne, wäre dann Imagination geblieben –, wer weiß, ich hätte vielleicht bessere Theaterstücke geschrieben. Den Grund beider nun, jener des
Theaterschriftstellers, ein Bühnenwerk zu schaffen, und
jener des Theaterkritikers, das Geschaffene nachzuspie-
len, zu überdenken, liebe Frau Brock, nennen Sie Verzauberung, Verzauberung nicht so sehr durch ein literari-
sches Werk, sondern durch das Medium, das dieses Werk
sichtbar macht, in die Welt der Sinnlichkeit stellt, Verzauberung durch die Bühne, durch das Theater.

Machen wir uns nichts vor: Es ist heute nicht aktuell,
beim Theater von Verzauberung zu reden. Das Theater
scheint entzaubert zu sein. Über ein Publikum oder gar
über einen Kritiker, der noch die Naivität aufbringt, sich
vom Theater verzaubern zu lassen, wird gelächelt. Sogar
vom Schauspieler wird verlangt, sich nicht mit seiner
Rolle zu identifizieren, er hat als deren gesellschaftskriti-

scher Interpret gleichsam neben sich selber auf der Bühne zu stehen, verdoppelt sozusagen (wie macht man das?). Das Theater scheint durchschaubar geworden zu sein, intellektuell bewältigt, kapiert. Die heutige Kritik vieler Gazetten ist restlos im Bilde: Sie ist eine Ideologie. Stil- oder marxgläubig.

Doch auch sonst, zugegeben, bietet an sich heute der Theaterbetrieb wenig Anlaß, sich verzaubern zu lassen, er ist längst kein Wunder mehr, man wundert sich höchstens manchmal, daß er noch stattfindet, daß es noch Städte gibt, die ihn finanzieren aus einem dumpfen Gefühl kommunaler und staatlicher Kulturbeflissenheit heraus, das alles mag sein, wenn ich auch nicht den Fehler begehen möchte, die früheren Zeiten zu glorifizieren, immer waren die außerordentlichen, die meisterhaften Aufführungen die Ausnahmen und nicht die Regel, und streng genommen hatte jede Zeit ihre Theaterkrise; kämpfte früher das Theater gegen die Zensur, stand es unter politischem Druck, leidet es heute an der Freiheit; war es früher gefesselt, sucht es sich heute zu binden; von seiner ständigen wirtschaftlichen Fragwürdigkeit ganz zu schweigen: Aber dennoch, wer nicht imstande ist, immer wieder zu staunen – und sei die Aufführung noch so mangelhaft –, sich immer wieder verzaubern zu lassen durch diese oder jene Szene – bei der es plötzlich gleichgültig ist, wie sie gespielt wird – oder bei dieser oder jener schauspielerischen Leistung – ob der man mit einem Male die Mängel des Stückes vergißt –, wer dazu nicht mehr fähig ist, wird auch den ersten Schritt nicht tun können, der zum Nachdenken darüber führt, was ihn denn erstaune, verzaubere. Das Paradox des Kritikers liegt darin, daß er nur dann ein Kritiker sein kann, wenn er

sich seine Naivität demgegenüber zu bewahren vermochte, das er kritisiert. Ohne das Kind im Manne (oder
in der Frau) gibt es keine Theaterkritik. Naivität: Die von
einem Kritiker zu fordern, ist nicht leicht, um so mehr als
sie auch die Forderung enthält, unvoreingenommen einer
Aufführung beizuwohnen. Ich meine: Kritik kann nur
nachträglich geschehen, nicht während des Spiels, es gibt
kein sogenanntes kritisches Zuschauen des Kritikers (wie
es ein kritisches Zuschauen des Regisseurs während der
Regie gibt), Kritik kann nur vom Gesamten her gesehen
sein, und dieses Gesamte muß zuerst erlebt werden. Daß
die Naivität des Erlebens nicht das nachträgliche unnaive
kritische Überdenken ausschließt, sollte selbstverständlich sein.

Liebe Frau Brock, ich verstehe, daß Sie nicht besonders gerne daran denken, wie lange Sie nun schon eine
Premiere nach der anderen, ein Gastspiel nach dem anderen als Kritikerin miterlebt haben, ich denke schließlich
auch nicht gerne daran zurück, wie lange ich mich schon
mit dem Stückeschreiben beschäftige, denn ohne eine
immer neue Naivität der Bühne gegenüber hätte ich es
auch nicht durchgestanden, ohne die immer neue Verzauberung durch eine Möglichkeit, eine Welt auf die Bühne
zu stellen, ohne diese spontane Lust dem Theater gegenüber, die einen immer wieder überfällt. Doch nimmt hier
der Theaterschriftsteller eine begünstigte Stellung ein: Er
muß nicht ins Theater. Ich bin – um ein Geständnis
abzulegen – ein leidenschaftlicher Nicht-ins-Theater-
Geher, ich brauche diesen Anlauf, diese Zeit, wo ich
nicht ins Theater gehe, immer wieder, um überhaupt
noch Stücke zu schreiben – und während dieser theater-
losen Zeit scheint es mir dann, daß ich das Theater hasse.

Der Kritiker dagegen muß, und daß er ins Theater gehen muß, merkt man ihm denn auch allzu oft an, darum, weil er nicht verreisen kann, verreißt er denn auch lieber als daß er lobt, nicht so sehr um einen Schriftsteller oder einen Regisseur zu erledigen, wie Laien oft meinen, sondern um den Ärger loszuwerden, den der Beruf eines Kritikers mit sich bringt. Bei dieser Gelegenheit fällt mir ein, wie selten Sie verreißen, eigentlich finden Sie auch in der unmöglichsten Suppe noch ein gutes Haar. Ein Hinweis mehr, liebe Frau Brock, daß Sie offenbar gern ins Theater gehen.

Wahrscheinlich, weil Sie so neugierig sind. Ich vermute es wenigstens. Weil das Theater Sie immer wieder bezaubert, staunen Sie, und weil Sie staunen, wollen Sie auch wissen, worüber Sie staunen, ob Ihr Erstaunen gerechtfertigt sei oder nicht. Durch die Wechselwirkung von Staunen und Neugier wurden Sie wohl verleitet, Theaterkritikerin zu bleiben, dieser schöpferische Mechanismus verführte Sie, kann ich mir denken, von Premiere zu Premiere sich dem Theater aufs neue zu stellen, sich ihm aufs neue auszusetzen. Sie fielen immer wieder aufs Theater herein.

Liebe Frau Brock, Ihrem Ausharren danken wir viel. Wir, die Leute vom Theater, die wir Theater machen, und wir, die Leute, die ins Theater gehen, wir, die Zuschauer, das Publikum, Ihre Leser, ich danke für alle. Es gibt keine Kunst ohne Tradition, ein Satz, der oft vergessen wird. Unter seinem Diktat steht vor allem die Bühne, mag sie sich noch so revolutionär, noch so experimentell gebärden, auch auf ihr gibt es keine Wirkung ohne Ursache, und jede Ursache ist wieder eine Wirkung einer vor ihr liegenden Ursache. Das Theater steht in der

Zeit, bedingt von ihr, so wie die Zeit von ihrer Vergangenheit bedingt ist. Doch gerade weil jeder Theaterabend etwas Vergängliches ist, das sich nie auf die genau gleiche Weise wiederholt, und handelte es sich um die am exaktesten einstudierte Aufführung der Welt, sind Zeugen der Theaterarbeit so wichtig, Beobachter, die das Beobachtete wiedergeben und nicht bloß die persönlichen Assoziationen, die Einfälle, die sie während der Vorstellung und meistens nach ihr hatten. Indem der Theaterkritiker konstatiert, geht auch er in die Theatergeschichte ein, wird er, vom Theater bewirkt, eine Ursache, die auf das Theater wirkt. Diesen Satz schreibe ich nur zögernd nieder. Nicht bloß, weil er etwas feierlich klingt. Aber oft vermögen – nicht allein in der Geschichte des Theaters – gerade die törichtesten Querschläger die allergrößte Wirkung zu erzielen, und zu diesen Querschlägern möchte ich Sie nun gar nicht zählen, sind Sie doch einer der gebildetsten Menschen, die ich kenne, Bildung im schönsten Sinne verstanden; vielleicht darum, weil für Sie Bildung etwas völlig Unverkrampftes, Selbstverständliches ist.

So bleibt die Frage, was denn bleibe. Sie werden sie sich von Ihrer Tätigkeit stellen, wie ich sie mir von der meinen. Wir beide reden nicht gerne vom Engagement, weil wir es für selbstverständlich halten, daß wir engagiert sind. Unserem persönlichen Gewissen und Denken gegenüber, es gibt kein anderes Engagement. Wir beide wissen, daß alle unsere Absichten und Ziele, die wir mit unserer Tätigkeit verfolgen, im ungewissen liegen. Das geht dem Kritiker und dem Schriftsteller so. Wir wissen nicht, was mit den Körnern geschieht, die wir säen. Wir wissen nicht einmal, ob diese Körner gut sind oder schlecht. Denn was wir objektiv wollen, ist ebenso subjektiv wie das Objektive, das wir darzustellen oder festzuhalten suchen. Die Grenzen der Kritik und die Grenzen des Theaterschriftstellers sind die gleichen: Nur die Wirkung, die etwas außer uns auf uns ausübt, ist darstellbar, nicht das Wirkende. Der Kritiker und der Dramatiker, scheinbar Feinde, stellen beide sich selbst dar. Auch die Kritik ist Selbstdarstellung, ebenso kunstvoll verschlüsselt wie jede andere echte Schriftstellerei, gerade weil sie bestrebt ist, es nicht zu sein. Was bleibt, haben wir unfreiwillig getan: die ewig menschliche Komödie. Nur über diesen Umweg kann die menschliche Wirklichkeit erschlossen werden. Wir mischen uns ein, indem wir die Welt darzustellen, abzubilden, zu erhellen oder gar zu erklären versuchen, sei es die Welt des Theaters, sei es das Theater der Welt. Tua res agitur. Ein alter Spruch, und alte Sprüche gehören nun einmal zur Feier eines siebzigsten Geburtstags. Sie sind feierlich.

Mit herzlichen Glückwünschen Ihr

Friedrich Dürrenmatt

Künstler und Kritiker

Aus Skizzenbüchern

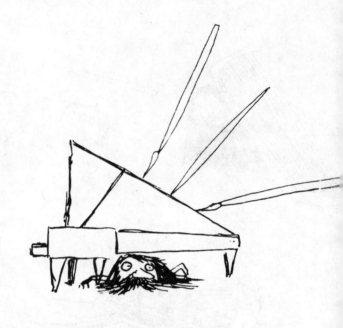

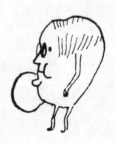

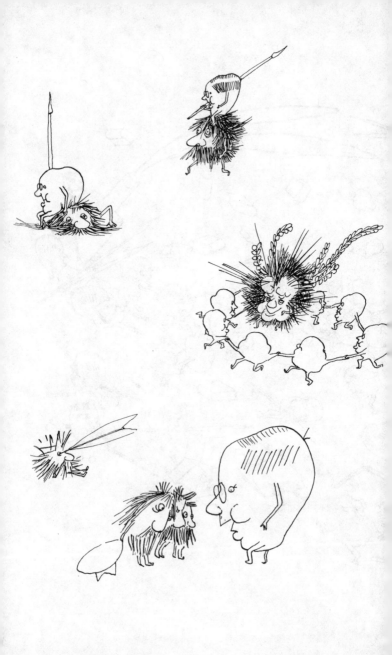

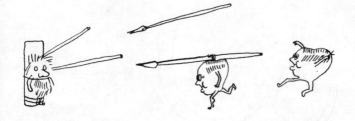

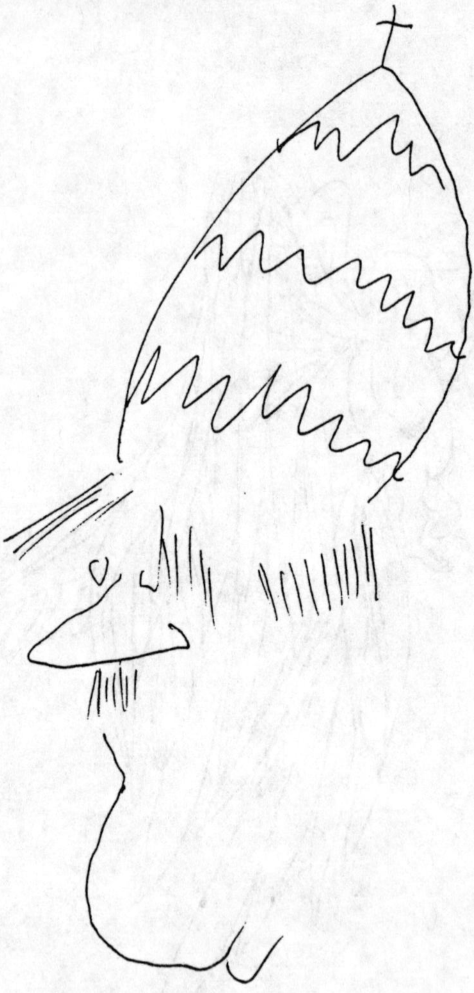

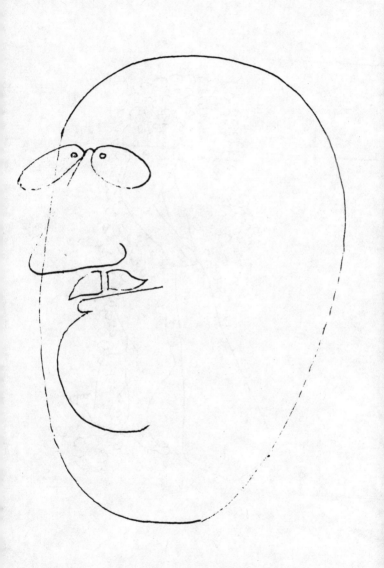

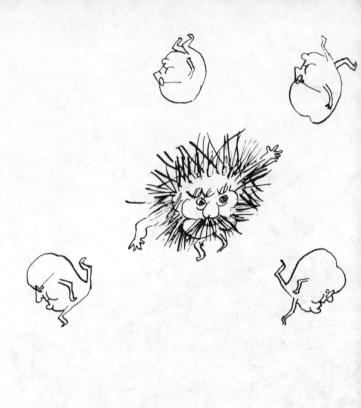

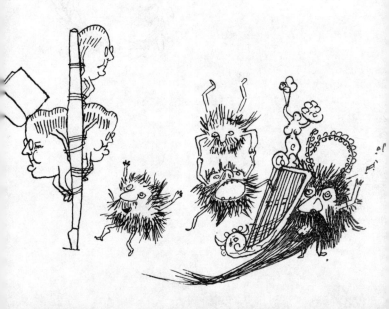

Friedrich Dürrenmatt
interviewt F. D.

1980

Heinz Ludwig Arnold bat mich, an seiner Stelle mit F. D. ein Interview über dessen Komödien zu führen. F. D. werde 60 und sei unausstehlich geworden. Weil nun einmal schon das Gerücht umgehe, ich sei mit F. D. – wenn auch weit entfernt – identisch, bat H. L. Arnold mich, nach Neuchâtel zu fahren. Leider nahm ich den Auftrag an und muß ihn als mißglückt bezeichnen. Seine entfernte Identität mit mir stritt F. D. zwar rundweg ab – zu meinem Glück; in diesem Punkte hat er Recht –, aber das, was die Kritiker beschäftigt – wenn sie sich überhaupt noch mit ihm beschäftigen –, ob F. D. sich bei seinen Komödien etwas denke, und wenn ja, was, kann ich auch nicht beantworten. Irgendwie dachte er sich etwas dabei, aber was er sich dabei gedacht hatte, weiß er wahrscheinlich nicht mehr. Ich kann den Kritikern nur raten, ihn weiter zu verreißen; sie können sicher sein, er wird sie nicht verreißen, weil er sie ebensowenig wie sich selber liest. Als ich mit ihm sprach, kam es mir vor, als denke er, während er meine Fragen beantwortete, an das, was er denken wolle, wenn ich gegangen sein werde: an etwas ganz anderes, als er jetzt sprach. Ich wußte nicht, wer von uns beiden anwesend war: er oder ich. Irgendwie war nur einer da. Aber wer?

Es steht geschrieben
Der Blinde

Die ersten beiden Stücke, noch als Dramen bezeichnet, sind Versuche, jene Vergangenheit zu gestalten, die F. D. (Jahrgang 21) mitgemacht und die ihn gemacht hatte, obgleich er sie aus der Abgeschiedenheit der Schweiz heraus erlebte, verschont und gefangen: die Schweiz war Privileg und Gefängnis zugleich. Es sind Stücke sowohl der Nähe als auch der Distanz, von der Frage angeregt, wie wohl Hitler und damit der Glaube an ihn möglich geworden war. *Es steht geschrieben* schildert die kurze Herrschaft der Wiedertäufer über die Stadt Münster (1534 - 1536). Die den Glauben glauben, werden von dem mißbraucht, der den Glauben benutzt, und nach einem sinnlosen Widerstand von dem besiegt, der den Glauben verwaltet, doch im Geheimen jene bewundert, die glauben konnten. Zur Wahl dieses Stoffes half wohl auch ein altes Buch mit, das in der Bibliothek seines Vaters stand. *Der Blinde* stellt den Glauben an sich als eine elementare Kraft dar, unabhängig von seinem ›Inhalt‹. Die Handlung spielt im Dreißigjährigen Krieg und ist erfunden – wenn auch beeinflußt vom biblischen Hiob. In der Ruine seines Palastes wird ein blinder Herzog im Glauben gelassen, er besitze noch die Macht, die er verloren hat, und sein Land sei verschont geblieben. Der Herzog wagt den Glauben in der Erkenntnis, daß es für einen Blinden keine andere Möglichkeit gibt als blind zu glauben. Er wird durch seinen Glauben für die ›Sehenden‹ lächerlich, doch nicht für sich. Ein italienischer Edelmann will dem Blinden die Absurdität seines Glaubens beweisen und spielt dem Herzog den Untergang seines Herzogtums vor, der schon längst stattgefunden hat. Der Blinde spielt unbeirrt mit. Er hält einen Neger für Wallenstein, eine Dirne für eine Äbtissin usw. Den Dichter, der ihm die ›Wahrheit‹ sagen will, erwürgt er. An seiner Blindheit zerbricht schließlich die Realität der Sehenden, und die geglaubte ›Realität‹ des Blinden wird wirklich. Beide Stücke sind rhetorisch. Ich fragte F. D., ob diese Stücke von Claudel beeinflußt seien. Er lachte. Das sei der Eindruck einiger seiner katholischen Freunde gewesen. In Wirklichkeit seien diese Stücke Resultate eines Konflikts: Einer der Maler werden wollte, Philosophie studiert hatte und ohne Sprache nicht mehr ausgekommen sei, habe sich durch die Sprache mit Hilfe der Bühne befreit. Das Theater ist sein, F. D's, Ausweg ins Freie.

Romulus der Große

Romulus der Große ist F. D's erste Komödie. Er schrieb sie im Winter 1948/49. Den Stoff fand er angedeutet in der Novelle Strindbergs, *Attila,* die endet: »Orestes und Edeko reisten am selben Morgen; und sie vergaßen niemals diese Hochzeit, die sie zum ersten Male zusammengeführt hatte. Später erneuerten sie die Bekanntschaft, aber unter andern und größeren Verhältnissen. Denn Edekos Sohn war Odoaker, der den Sohn des Orestes stürzte, und der war kein anderer als der letzte Kaiser Romulus Augustus. Er hieß sonderbarer Weise Romulus, wie Roms erster König, und Augustus, wie der erste Kaiser. Und er beschloß sein Leben als Verabschiedeter, mit einer Pension von sechstausend Goldmünzen, in einer Villa in Campanien, die vorher Lucullus besessen hatte.« Die absurde Diskussion, die in Deutschland schon aufkam, ob die Attentäter vom 20. Juli 1944 Landesverräter gewesen seien oder nicht, brachte F. D. auf die Idee, den letzten Kaiser Westroms, ›Romulus Augustulus‹, ein fünfzehnjähriges Unschuldslamm, in einen mehr als fünfzigjährigen Landesverräter auf dem Thron zu verwandeln, der sein Reich den Germanen ausliefert, weil er nicht mehr an das Recht des römischen Imperiums glaubt, sich zu verteidigen. Wie Hamlet den Wahnsinnigen spielt, spielt Romulus den ›schlechten‹ Kaiser. Dominiert Romulus in der ersten Fassung absolut, setzt ihm F. D. in der 1957 geschriebenen zweiten Fassung im vierten Akt seine dialektische Gegenfigur entgegen: Odoaker; in der ersten Fassung eine der komödiantischen Gestalten der Handlung, ist er nun – im Gegensatz zu Romulus, der an das Recht glaubt, ein Weltreich zu vernichten – jener, der nicht an das Recht glaubt, ein Weltreich zu errichten. Romulus verdammt die Vergangenheit, Odoaker fürchtet die Zukunft, aber beide müssen als Politiker handeln: Romulus liquidiert das weströmische, Odoaker errichtet das germanische Imperium und ruft einen geschichtslosen Frieden aus, der nur einige wenige Jahre dauern kann, da hinter beiden, Romulus und Odoaker, der Henker beider lauert: Theoderich. In dieser zweiten Fassung wird F. D's dramaturgische Neigung deutlich: die Personen seiner Komödie vor einen tragischen Hintergrund zu setzen, sie gleichsam tragisch zu grundieren. Seine Menschen werden in einigen Komödien durch ihr Denken gerechtfertigt und durch ihr Schicksal zwar gefällt, aber nicht widerlegt, oder aber, in anderen Komödien, durch ihr Schicksal ad absurdum geführt. Romulus gehört der ersten Gattung an. Romulus' Heiterkeit liegt in seiner Überzeugung, Odoaker werde ihn töten; er opfert Rom, weil er sich selbst opfern will, aber er opfert unfreiwillig jene, die fliehen und die er hätte retten wollen; und indem ihn Odoaker pensioniert, wird er, der vorher komisch tragisch war, tragisch komisch. Nicht umsonst gab F. D. auf meine Frage, warum er seine Stücke Komödien nenne, zur Antwort: »Stücke sind wie ein rollender Ball: die eine Hälfte bezeichnet die Ästhetik als Tragödie, die andere als Komödie. Da bei einem rollenden Ball nicht auszumachen ist, welche Hälfte oben und welche unten ist, nenne ich meine Stücke eben Komödien.«

Die Ehe des Herrn Mississippi

Die Ehe des Herrn Mississippi wurde aus der Eheszene im *Romulus* (3. Akt) entwickelt. Das Stück galt drei Jahre lang als unaufführbar und brachte 1952 unter Hans Schweikarts Regie den Durchbruch F. D's im deutschen Theater. Das Stück, das in drei Fassungen vorliegt, versucht, auf die Komödienform des Aristophanes zurückzugreifen. Doch ersetzt F. D. die aristophanischen Parabasen und Chöre durch die Monologe der männlichen Hauptpersonen. Einer von ihnen, der betrunkene Tropenarzt Graf Bodo von Übelohe-Zabernsee, behauptet, F. D. habe das Stück nur geschrieben, »um zu untersuchen, was sich beim Zusammenprall bestimmter Ideen mit Menschen ereignet, die diese Ideen wirklich ernst nehmen und mit kühner Energie, mit rasender Tollheit und mit einer unerschöpflichen Gier nach Vollkommenheit zu verwirklichen trachten«. F. D. nannte mir gegenüber seine Komödie auch »Die Geschichte eines Zimmers«, wohl weil es im zweiten Teil zur Ruine wird, bis nur noch ein Teetisch und zwei Sessel unberührt bleiben. Es gibt in diesem Stück keine andere Realität als die der Bühne: die Bühne wird zur Weltbühne. F. D. sieht in der *Ehe des Herrn Mississippi* eine mit allen technischen Mitteln des Theaters spielende Komödie der Ideologien und der Ideologen, die sich im Kampf um die ›Frau Welt‹ (Anastasia) gegenseitig vernichten, nur »um immer wieder aufzuerstehen«. Etwas rätselhaft meinte er noch, Schweikarts Regie sei genial gewesen, doch habe sie zu der grotesken Meinung geführt, er sei so etwas wie ein Nachfolger Wedekinds und Sternheims, was zu vielen fatalen Inszenierungen geführt habe; überhaupt nehme man ihn in Deutschland entweder ›falsch ernst‹ oder ›falsch komisch‹. Eine Behauptung, die mir von einem, der Komödien schreibt, zumindest merkwürdig erscheint. Auch sei, fuhr F. D. fort, in den menschlichen Bezirken Einsteins Relativitätstheorie nur im Bereiche des Humors überprüfbar. In Gedanken versunken schwieg er und sagte dann auf berndeutsch, er sei im deutschen Sprachraum ein Schwarzes Loch.

Ein Engel kommt nach Babylon

Ein ins Theater verirrter Theologe, meint F. D., könnte in dieser Komödie eine Theodizee erblicken. Sehe Leibniz die Rechtfertigung der Unvollkommenheit der Schöpfung darin, daß unsere Welt zwar die beste aller möglichen Welten sei, doch zwangsläufig nicht ganz vollkommen, weil nur Gott vollkommen sein könne, so rechtfertigt F. D. die Unvollkommenheit der Welt damit, daß sie für Gott die unbekannteste aller Welten sein müsse: Dem vollkommenen Weltschöpfer stelle er den zerstreuten Weltschöpfer gegenüber, der seine Schöpfungen offenbar immer wieder vergesse. Der Engel, der als Geschenk Gottes für den Ärmsten der Menschen das Mädchen Kurrubi zur Erde bringt, habe nicht umsonst vorher die Materie nur im ›gasförmigen Zustand‹ kennengelernt, auch habe er keine Ahnung, was Gott mit diesem Mädchen eigentlich wolle; wir müßten leider schließen, Gott wisse es auch nicht. Gottes Gnade sei nicht nur uns, sondern auch Gott unbegreiflich. Die Erde erscheine dem Engel als das, was sie astronomisch ja auch sei: als Wunder, als Sonderfall (auch wenn es Milliarden solcher Sonderfälle geben möge; im Weltall, im Bereich der großen Zahl, vermöge auch eine Milliarde ein Sonderfall zu sein). Sei für Leibniz, angesichts der Vollkommenheit Gottes, das Böse etwas Unbedeutendes, sei es für den Engel, angesichts der relativen Einmaligkeit der Erde, nicht denkbar. Soweit F. D. Zuzugeben ist, daß die Handlung auf einem Mißverständnis beruht: So gibt etwa der Engel Kurrubi nicht dem Ärmsten der Menschen, sondern dem Mächtigsten, dem König Nebukadnezar, hat doch dieser, um sein Reich vollkommen zu gestalten,

das Betteln verboten und sich als Bettler verkleidet, um
auch den letzten der Bettler, der sich seinem Befehl
widersetzt, den Meisterbettler Akki, zu überzeugen, die
Bettelei aufzugeben. Die Handlung ist noch komplizier-
ter als dieser Satz. Das Mädchen Kurrubi fällt am Ende
dem Bettler Akki zu, und der Ärmste der Menschen
erweist sich als der Reichste, und der Mächtigste als der
Ärmste. Die Komödie spielt in einem poetischen Babylon, am Bühnenhimmel hängt der Andromedanebel. Dia-
lektisch gesehen handelt es sich um eine Komödie der
Gnade. Nebukadnezar vermag den Irrtum des Engels, er
sei der Ärmste der Menschen, nicht zu akzeptieren und
setzt der Gnade des Himmels den Fluch des Menschen
entgegen: den Turm zu Babel. Nebukadnezar gibt dem
ungerechten Himmel Recht: Nebukadnezar macht sich
zum Ärmsten der Menschen. Über irgendwen macht sich
F. D. in diesem Stück lustig, entweder über den Himmel
oder über die Mächtigen oder über die Theologen oder
über uns alle oder über sich allein. Es ist mir nicht klar
geworden, über wen.

Der Besuch der alten Dame

Sein meistgespieltes Stück sei sein mißverstandenstes,
murmelte F. D. endlich, nachdem er sich lange geweigert
hatte, meine Frage zu beantworten, wie er denn heute
zum *Besuch* stehe. Dann sprach er von seiner Inszenierung im Herbst 1956 in Basel, von einem unbeschreiblichen Durcheinander: Hauptprobe, mit Bühnenbild zum

erstenmal, Generalprobe, Premiere, alles am gleichen
Tag, noch während der Premiere habe er hinter der
Bühne inszeniert; dann sprach er über den Erfolg des
Stückes in den USA, der auf den Frauenvereinen beruht
habe, endlich hätten die ›Mamis‹ jemanden gefunden, der
ihnen das Recht zubilligte, den ungetreuen ›Papi‹ umzu-
bringen; auch machte er sich darüber lustig, daß man
dieses Stück zu seinem 60. Geburtstag im Fernsehen
inszenieren wolle, besser als die berndeutsche Fassung
könne es gar nicht werden. Und nur beiläufig meinte er,
in Wirklichkeit sei es auch keine Parabel der Konjunktur,
wie viele glaubten, sondern ein Weiterdenken von Moti-
ven, die seit jeher das Theater beschäftigt hätten, ja aus
denen das Theater entstanden sei, doch stehe hinter ihm
nicht Aristophanes, sondern Sophokles, folgerichtig ende
es denn auch mit dem Chor: »Ungeheuer ist viel ...«
Soweit F. D. Ich könnte hinzufügen: Wie der Held der
griechischen Tragödie ist die Hauptperson als der ›Einzelne‹ schuldig, doch nachdem der Einzelne seine Schuld
eingesehen und durch seinen Tod gesühnt hat, wird die
Gesellschaft, die bei Sophokles durch den Vollzug der
Gerechtigkeit am Einzelnen mit entsühnt wird, nun
schuldig. Bei Sophokles weicht die Pest zurück, bei F. D.
kommt sie erst; bei Sophokles ist der Einzelne ein Teil
des Allgemeinen, bei F. D. nicht. Das Stück setzt die
Gerechtigkeit zweimal: als Folge der Schuld ist sie for-
derbar und damit käuflich; als Einsicht der Schuld ist sie
allein vom Schuldigen zu vollziehen. Auch tritt bei dieser
Komödie an die Stelle des Schicksals das Geld.

Frank der Fünfte, Oper einer Privatbank

F. D.: »Der Untertitel dieses Stückes, ›Oper einer Privatbank‹, verführt dazu, in dieser Komödie mit Musik einen
Nachfolger der *Dreigroschenoper* zu sehen. Aber im
Gegensatz zu dieser, deren Figuren ihre Wahrheiten im
Sinne Brechts singen, singen meine Figuren ihre Ausreden:
Sie singen, wenn sie morden. Hinter dieser Oper steht, wie
hinter keiner anderen meiner Komödien (die Shakespeare-
›Bearbeitungen‹ ausgeschlossen) Shakespeare. Und wie
einen Shakespeare sollte man sie auch inszenieren. Das
gelang noch niemals. Es ging mir darum, in der Moderne
ein ähnlich hierarchisches Gebilde zu finden, wie wir es in
den Shakespearschen Königsdramen dargestellt sehen. Ich
fand es als Schweizer in der Bank: *Frank der Fünfte* ist die
Komödie einer hierarchischen Gesellschaft, die sich unter
dem Druck mißlicher Umstände demokratisieren muß, so
daß sich die nicht unaktuelle Frage stellt, ob denn – und wie
denn – eine Demokratie kleinerer und größerer Gangster
noch Chancen habe zu überleben. Die Szene, in der
Frank V. und Ottilie den sterbenden Prokuristen Böck-
mann ermorden, damit er nicht beichten kann, halte ich für
meine beste Szene.«

Die Physiker

Bei diesem Gespräch verhielt sich F. D. wie bei der *Alten
Dame:* Es langweilte ihn offenbar, von diesem Stück zu
sprechen; gab rätselhafte Sätze von sich; so etwa, dieses

Stück werde immer inszeniert, statt interpretiert, erläuterte er in halb angefangenen und halb beendigten Sätzen; dozierte, wie der Wahnsinn zu spielen sei, so nämlich, daß es dem Zuschauer erst allmählich aufgehe, die Irrenärztin sei verrückt; kam dann auf die Schwierigkeiten der Liebesszene zu sprechen, die erst möglich werde, wenn sie als Liebesszene gespielt werde; machte sich über den Einwand lustig, den er oft gehört hätte: Wenn Möbius Monika wirklich liebte, könnte er sie nicht erdrosseln; nur wenn Möbius wirklich liebe, werde die Szene ungeheuerlich. Dann sann F. D. dem Zufall nach, der dramaturgisch ›nicht am Rande, sondern in der Mitte‹ (?) liegen müsse usw., um dann zu äußern – ich zitiere: »*Die Physiker* denken das Ödipus-Motiv weiter. An die Stelle des Orakels ist die Wissenschaft getreten. Der Wissenschaftler ist in der Lage, abschätzen zu können, was die Ergebnisse seiner Forschungen unter Umständen zu bewirken vermögen: die Vernichtung der Menschheit. Möbius versucht, den Gefahren seiner physikalischen Ergebnisse dadurch zu entgehen, daß er sich ins Irrenhaus flüchtet. Er stellt sich verrückt. Dieses entspricht der Flucht des Ödipus vor dem Schicksal, das ihm das Orakel ankündigt, nach Theben. Hier greift der Zufall ein. Ödipus flüchtet in die falsche Stadt, Möbius in das falsche Irrenhaus. Indem die verrückte Irrenärztin Mathilde von Zahnd die gespielte Verrücktheit des Möbius als Wahrheit auffaßt und somit seine Entdeckungen, die sie sich aneignet, nicht als Verrücktheiten, sondern als das ansieht, was sie sind, als geniale Entdeckungen, hebt sie den Sinn seiner Flucht auf. Möbius und seine zwei Genossen, gleichfalls Physiker, verhalten sich wie drei Reisende, die, in den falschen Zug gestiegen, nach hinten rennen, um so doch noch den Ort zu erreichen, von dem sich der Zug in rasender Fahrt immer weiter entfernt. Daß die Irrenärztin in der ersten Fassung ein Irrenarzt war, stimmt. Therese Giehse las diese Fassung, seufzte und meinte, den Irrenarzt möchte sie gern spielen, worauf ich aus ihm eine Frau machte, eine Vorläuferin der ›Unsterblichen‹ in der *Frist.*«

Herkules und der Stall des Augias

F. D. hätte diesem Stück gerne den Untertitel ›Ein Festspiel‹ gegeben, stellt es doch sein etwas wehmütiges Bekenntnis zur Demokratie dar, wobei seine Liebe zum Emmental mitschwingt, vor dessen Bauernhäusern die prächtigsten und bestgezöpfelten Misthaufen sich dem Vorüberwandernden darbieten. Aber wer wandert schon noch vorüber? Man saust an ihnen vorbei, wenigstens solange die Benzinpreise es gerade noch zulassen. Die Komödie sei sein Lieblingsstück, behauptet F. D., nicht als Satire zu spielen, sondern als poetische Ballade, in der alles auf eine leicht melancholische Weise zwar schiefgehe, aber doch die Hoffnung erhalten bleibe, die Evolution meine es mit der Menschheit schließlich gut. F. D's oft zitierte ›schlimmst-mögliche Wendung‹ ist zur ›fast-schlimmstmöglichen Wendung‹ gemildert, wobei er in diesem ›fast‹ unsere Chance sieht. Die beste Aufführung vom Bühnenbild her habe er in Lausanne gesehen: die Misthaufen als Kuben mit Latten verbunden, im Hintergrund eine Mistwand mit einem Baum, der im Verlaufe des Abends langsam hinter der Mistwand versunken sei, die Griechen nackt, Herkules mit einem kolossalen Feigenblatt, die elischen Parlamentarier mit grotesken Bauernmasken, Augias am Schluß in einem Schrebergarten mit Gartenzwergen.

Der Meteor

Das Stück, zur gleichen Zeit (1960) konzipiert wie *Die Physiker*, im Unterengadin, während des täglichen, immer gleichen, ärztlich verordneten Spaziergangs: eine Schlucht hinauf, über einen Bergrücken und zum Kurhaus hinab, greift wie *Ein Engel kommt nach Babylon* das Thema der Gnade auf, doch in einer noch verschärften Form. Es belegt, scheint mir, F. D's Arbeitsweise: ein Motiv immer wieder neu zu durchdenken und weiterzugestalten. Er arbeite an einem Motiv, wie die Physiker etwa am ›Atommodell‹ immer wieder gearbeitet hätten, äußerte er sich mir gegenüber, wenn auch der Vergleich hinke; weder verifiziere noch falsifiziere die Bühne oder gar die Kritik ein Theaterstück; darum lasse ihn auch die Kritik gleichgültig, sie interessiere ihn nur, wenn ihn die Persönlichkeit interessiere, die sie schreibe, dann sage sie etwas über den Kritiker aus, Stilübungen in Weltanschauung oder Ästhetik langweilten nur; ob ein Stück gut oder schlecht sei, sei an sich nicht zu beweisen; es könne unabhängig von seinem ästhetischen Wert – der subjektiv sei – zur Legende werden: Ödipus als Legende oder Mythos sei wichtiger als das Kunstwerk. Während er

diesen Gedanken nachhing, überlegte ich mir, was zum
Meteor zu sagen wäre, was F. D. überging: Nicht nur der
Engel, sondern auch *Der Blinde* sind als Vorläufer zu
nennen. Wie Nebukadnezar die Gnade nicht zu akzeptieren vermag, weil er nicht glaubt, der Ärmste der Menschen zu sein, so kann der Nobelpreisträger Schwitter
nicht an seine Auferstehung glauben, weil er nicht an
seinen Tod glaubt. Glauben setzt das Vertrauen in andere
voraus. Der Herzog im *Blinden* vertraut bedingungslos
jenen, die ihn belügen, und gewinnt Macht über sie.
Schwitter vertraut ebenso bedingungslos den anderen
nicht; daran gehen sie zugrunde. Die Macht des Glau-
benden und die Macht des Zweifelnden sind gleich
schrecklich.

Die Wiedertäufer

Mit *Die Wiedertäufer* nimmt F. D. sein erstes Stück *Es
steht geschrieben* wieder auf: die gleiche geschichtliche
Situation, aber anders gesehen. Er definiert: ›Ein Stück
über das Engagement‹. Er hat nicht unrecht: Die Wiedertäufer um Jan Matthison und Knipperdollinck sind enga-
gierte Christen; ihnen gegenüber steht nicht ein triebhafter
Dämon wie in *Es steht geschrieben,* sondern ein Schauspieler ohne Engagement, der verzweifelt versucht hat,
beim theaterliebenden, der Vernunft engagierten Bischof
von Münster, Franz von Waldeck, ein Engagement zu
finden; er engagiert sich bei den Wiedertäufern und
benutzt sie als Statisten bei einem grausigen Schauspiel,
das er den Fürsten darbietet, die Münster belagern. Der

Künstler auf dem Thron öffnet endlich selber den Lands-
knechten das Ägidiitor: »Das Spiel ist aus, ihr Fürsten
ohnegleichen. Ich trug eure Maske bloß, ich war nicht
euresgleichen. Münster sei euch und eurer Wut. Noch
leben einige. Nun gut. Sie mögen jetzt am Rad verblei-
chen. Doch ich, der das Spiel euch schuf, der kühne
Denker, ich erwarte einen Lorbeerkranz und nicht den
Henker.« Die Fürsten applaudieren ihm, und der Kardinal engagiert ihn, von seiner Kunst begeistert, mit dreifa-
cher Spitzengage als Schauspieler für seine Truppe. Die
sich dem Glauben engagiert haben, kommen um; die sich
der Vernunft engagiert haben, wissen keinen Rat. »Diese
unmenschliche Welt muß menschlicher werden. Aber
wie? Aber wie?« ruft der Bischof von Münster. Über
diesen Satz, 1966 geschrieben, machten sich viele lustig.
Sie wußten offenbar wie. Trotz ihrer: Menschlicher ist
die Welt weder seit 1536 noch seit 1966 geworden. Wie
sollte sie auch.

König Johann (nach Shakespeare)

F. D. diktiert: »Diese Bearbeitung des selten gespielten
Königsdramas Shakespeares, das selber wieder eine Bearbeitung eines zweiteiligen Stückes eines Unbekannten ist,
stellt den verzweifelten Versuch des Bastards, des illegiti-
men Sohnes Richard Löwenherz' mit der Lady Faulcon-
bridge, dar, seinem Stiefbruder Johann beizubringen,
daß Politik und Verstand sich nicht ausschließen müssen,
sondern miteinander vereinbar seien. Der Bastard rech-

net jedoch nicht damit, daß eine an sich unvernünftige Welt nicht vernünftig zu handeln vermag, so daß die Versuche König Johanns, vernünftig zu sein, die der Bastard ihm einredet, stets in ihr Gegenteil umschlagen. Die Politik wird immer unvernünftiger, endet in sinnlosen Gemetzeln und führt schließlich dazu, daß König Johann im Interesse der Lords, der Kirche und Frankreichs vergiftet wird, woraufhin er, sterbend, den Bastard verflucht und davonjagt.« Ich selbst habe dem Diktat nichts beizufügen. Das Stück ist nicht unaktuell, die Handlung voller Pannen auf dem Weg zur *Panne*.

Play Strindberg

Diese Komödie wurde von F. D. gleichzeitig geschrieben und inszeniert. Er folgt Strindbergs Stück *Totentanz*, hebt es aus dem Rhetorischen und versucht, mit den sparsamsten Mitteln, dem Schauspieler beizubringen, nicht so sehr durch das Wort, als vielmehr durch seine Präsenz auf der Bühne zu wirken. F. D. denkt gern an die Probenzeit zurück und erzählt oft davon.

Porträt eines Planeten

Dieses Stück sei noch extremer als *Play Strindberg* ein Übungsstück für Schauspieler, führt F. D. aus. Stellten in

Play Strindberg die Schauspieler während des ganzen Stücks noch dieselben Personen dar, spielten die vier Schauspieler und vier Schauspielerinnen hier, ohne sich umzukleiden, nur mit Hilfe von Requisiten, immer andere Personen. Das Stück habe keine Handlung im üblichen Sinne, es sei denn die, daß vier Götter gleichgültig beobachteten, wie sich irgendeine Sonne, von der sie nicht wüßten, ob sie Planeten habe, in eine Supernova zu verwandeln beginne. Auf der Erde, diesem von den Göttern nicht beobachteten Planeten, werde es immer heißer, dennoch spiele sich das Leben auf ihr ab wie sonst. Die Handlung sei nicht ›dramaturgisch‹, sondern ›musikalisch‹ angelegt: jeder Schauspieler halte seinen Prolog, spiele mit seinen Partnern in Szenen zu dritt, zu viert, zu acht. Als die Katastrophe hereinbreche, vereinigten sich alle zu einem großen Lobgesang, der dem 104. Psalm nachgebildet sei, worauf die vier Götter, nachdem die Sonne sich in eine Supernova verwandelt habe, gähnend weiterwanderten. Im übrigen, schloß F. D. seine Ausführung, sei das Stück nicht nur ein Übungsstück für Schauspieler, sondern auch für Menschen, die sich noch nicht an die Situation gewöhnt hätten, in der sich die Menschheit befinde. Sich allein zu fürchten, sei schrecklich, nur gemeinsame Furcht helfe. »Was soll das wieder?« dachte ich.

Titus Andronicus (nach Shakespeare)

Titus Andronicus stellt den Versuch dar, das berüchtigte,
chaotische Jugendwerk Shakespeares für die deutsche
Bühne spielbar zu machen, ohne die Shakespearschen
Grausamkeiten und Grotesken zu vertuschen. War Shakespeares Erstling nicht ohne Seneca denkbar, so griff F. D.
bei seiner Bearbeitung, wohl nicht ohne eine gewisse
Nostalgie, auf seine erste Komödie *Romulus* zurück; wie
bei dieser endet das Stück mit der Zerstörung des römischen Imperiums. Hier jedoch nicht durch Odoaker,
sondern durch den Westgoten Alarich. Was F. D. besonders reizte, war – nach seinen Worten – der ›dichterische
Hintergrund‹ des Shakespearschen Stückes. Nach seiner
Überzeugung haben manche Teile des Schlußakts, in
welchem sich die teuflische Gotin Tamora als Rache und
ihre nicht minder teuflischen Söhne als Raub und Mord
ausgeben, Goethe beeinflußt *(Faust II)*. Aber noch wichtiger scheint F. D., daß, seiner Meinung nach, im *Titus
Andronicus* bereits die beiden größten Gestalten, die
Shakespeare schuf, König Lear (verstanden als ›Rebell‹)
und Hamlet (verstanden als einer, der die absolute Rache
will), vorgeformt wurden, wenn auch in der Gestalt des
Titus mehr ahnbar als nachweisbar. Man wird nicht
immer ganz klug daraus, wie F. D. andere und sich selber
interpretiert. Wer legt was in wen hinein?

Der Mitmacher

Der *Mitmacher* ist ein Stück über die Korruption. In ihm
wendet F. D. die dramatische Technik, die er sich bei den
beiden Übungsstücken für Schauspieler (*Play Strindberg*
und *Porträt eines Planeten*) erarbeitete, auf eine Fabel an,
die aus verschiedenen, miteinander kombinierten Moti-
ven besteht, mit denen er sich schon vorher beschäftigte.
Nicht umsonst besteht F. D. immer wieder darauf, er
schreibe nicht Stücke, er komponiere sie; so sei der
Mitmacher ein Stück von ›synthetischer Dramaturgie‹,
vielleicht gerade deshalb ein Schlüsselstück seines Denkens. Wie in *Mississippi* spiele das Stück in einem Raum,
diesmal fünf Stockwerke unter der Erde, wie dort werde
der Raum zum Schluß demoliert, und wie in *Mississippi*
halte jede der Hauptfiguren einen Monolog; wie Monika
in ihrer Liebesszene mit Möbius in den *Physikern* daran
zugrundegehe, daß Möbius ihr nicht die Wahrheit zu
sagen wage, gehe im *Mitmacher* Ann in den Tod, weil
weder sie Doc noch Doc ihr die Wahrheit zu sagen wage;
wie Claire Zachanassian ferner im *Besuch* 1 Milliarde für
die Gerechtigkeit biete, so biete Bill 10 Millionen für die
Ermordung des jeweiligen Staatspräsidenten usw. Am
meisten jedoch spiele die Welt aus *Frank der Fünfte*
hinein. Doc sei das letzte Glied einer Gangsterorganisa-
tion, die sich am Ende dadurch auflöse, daß sie von der
Gesellschaft übernommen werde. Soweit F. D. Ich
möchte hinzufügen, daß – insofern ich seine Stücke
überblicke – in der Gestalt des Cop ein dramaturgisches
Hauptproblem F. D's aufgenommen wird, an dem er
immer noch arbeitet und das, wie mir scheint, von Kierkegaard kommt: der ›ironische Held‹. Ich denke hier

nicht nur an Graf Bodo von Übelohe-Zabernsee; F. D. nimmt im *Mitmacher* eine Kunstform wieder auf, die er beim Bettler Akki *(Ein Engel kommt nach Babylon)* zum ersten Mal angewandt hat: die Makame. Übrigens erzählte er mir, daß er die Makame Cops in einem serbischen Restaurant in Mannheim geschrieben habe, um sie dem Schauspieler nach der Vorstellung zu überreichen. Am nächsten Vormittag auf der Probe habe der Schauspieler sie ihm dann vorgetragen. Um ein Stück fertigzuschreiben, fügte F. D. bei, brauche er zweierlei: Schauspieler und eine Bühne.

Die Frist

Meine Ansicht, daß die dramaturgische Phantasie, ja die Phantasie überhaupt einerseits assoziativ, andererseits logisch vorgehe, finde ich besonders durch diese Komödie F. D's bestätigt: Daß die moderne Medizin mit ihren Intensivstationen und Apparaturen unwillkürlich Assoziationen mit einem Konzentrationslager aufkommen läßt, ist paradox, aber leider nicht zu widerlegen. Francos Sterben, das von 30 Ärzten wochenlang verlängert wurde, schwört das Bild eines Hitler herauf, der in Auschwitz sein Ende findet. Wer jedoch heute an Konzentrationslager und moderne Klinikzentren zugleich denkt, denkt assoziativ auch an Dissidenten. In *Die Frist* wird dieser Motivkreis durchgespielt; doch so, daß zum assoziativ aus der Zeit gewonnenen Dissidenten sein durch die Phantasie logisch gefundener Gegenspieler tritt: die Exzellenz, ein intellektueller Romulus, der bewußt, durch geschickte Diplomatie und indem er das Sterben des Diktators verlängert, den Dissidenten an die Macht zu bringen versucht – die seinem Kalkül nach einzige Möglichkeit, das Land aus der Diktatur in eine Demokratie zu führen. Nicht umsonst verdiente sich seine Exzellenz ihr Studium als Rechenkünstler im Kabarett. Logik: Dem Dissidenten, der die Macht nicht zu ergreifen wagt, weil er sie durchschaut, steht der Technokrat gegenüber, der die Macht auszuüben wagt, weil er sie durchschaut. Die Tragik des Dissidenten besteht darin, daß er die Macht schließlich doch ausüben muß; die Tragik der Exzellenz, daß sie, durch die Macht notgedrungen korrumpiert, von ihr vernichtet wird. Der Hintergrund des ganzen Geschehens ist wiederum assoziativ. Dem Spiel, das sich um einen sterbenden Diktator dreht, stehen die Unsterblichen gegenüber, ein Chor uralter Weiber, geführt von einer Urmutter, die das Sinnbild seiner Opfer und der auf ewig Opfer gebärenden Frauen ist. Durch die Männerwelt der Macht wird die Welt pervertiert, Frau und Mann getrennt. Ist der Gegensatz Exzellenz – Dissident ein logischer, steht den beiden in den Unsterblichen etwas gänzlich Irrationales gegenüber. Zugegeben, das sind meine Gedanken über das Stück. F. D. mochte nicht über das Stück sprechen. Er sagte nur, es sei ein Versuch gewesen zu testen, wie weit er sich vom üblichen Theaterbetrieb entfernt habe; die Distanzen könnten nur in Lichtjahren angegeben werden. Was er damit sagen wollte? Wahrscheinlich ebensoschwer zu verstehen wie dieses Stück, das mir, will es überhaupt verstanden werden, eine Unvoreingenommenheit voraussetzt, die, als selbstverständlich vorauszusetzen, eine Naivität voraussetzt, die sich, nimmt man ihn beim Wort, nur noch F. D. leistet.

Die Panne

Der Stoff dieses Stückes lag zuerst als Hörspiel, dann als Novelle vor. Darüber befragt, antwortete F. D. unwillig, wie die Novelle das Hörspiel weiterführe, denke die Komödie die Novelle weiter. Denken in Stoffen und Denken am Stoff sei für ihn das Gleiche: die Vertiefung eines Denkmodells; ob ich es denn endlich kapiert habe. Ich hatte, denn auch hier läßt sich der Ariadnefaden zurückverfolgen, der durch F. D's Komödienlabyrinth führt. Am Anfang steht Kleists *Zerbrochener Krug*. Im Unterschied zum Hörspiel und zur Novelle sind der Staatsanwalt, der Rechtsanwalt und der Richter nicht bloße Pensionäre, sondern durch die gegenseitige Korruption enorm reich gewordene Privatiers, die es sich leisten können, das gerechte Gericht, das sie einst nicht waren, zu spielen. Während bei Kleist der schuldige Richter Adam vor dem Gerichtsrat Walter seine Unschuld und gleichzeitig, daß er ein guter Richter sei, beweisen muß, braucht in F. D's Komödie das ungleich schuldigere Gericht nur zu beweisen, daß es auch ein gerechtes Gericht sein könnte. Das Gericht, das der Dorfrichter Adam abhalten muß, ist notwendig, das Gericht, vor dem der Allerweltsmensch Traps steht, nur ein Spiel, dessen Gerechtigkeit, durch keine Realität behindert, immer grausamer wird. Damit wird die *Panne* zur Komödie der Gerechtigkeit, die sich im Sinne der alten attischen Komödie zur Weltkomödie ausweitet. Nicht umsonst tragen am Schluß der Henker, der Richter, der Staatsanwalt und der Rechtsanwalt griechische Göttermasken, nicht umsonst weitet sich das Spiel um die Gerechtigkeit zu einem Spiel gegen die Gerechtigkeit aus, die als die fixeste der Ideen bezeichnet wird, in deren Namen Menschen Menschen schlachten, nicht umsonst kommt dieses ungerechte Gericht, indem es gerecht sein will, dazu, zwei Urteile zu fällen, die sich gegenseitig aufheben, ein ›Schuldig‹ und ein ›Nichtschuldig‹, und nicht umsonst, während der gleichzeitig verurteilte und freigesprochene Traps, um seine Würde zu beweisen, sich erhängt, pöbelt das Gericht die Götter an: die – gäbe es in dieser Welt der Zufälle und Katastrophen überhaupt noch Schuldige – einzig Schuldigen. Warum F. D. diese Komödie für eine seiner besten hält, verriet er mir nicht.

F. D. diktiert: »Was mich bei der Uraufführung meines ersten Stückes besonders störte, waren die vielen Vorhänge, die den Handlungsablauf immer wieder unterbrachen. Ich sah ein, daß es ohne Kenntnis der Bühne unmöglich war, Stücke zu schreiben. Ich begann, mit der Bühne zu denken. Zuerst in Basel unter Kurt Horwitz und Ernst Ginsberg; dann von 1952 an in den Kammerspielen München unter Hans Schweikart. Seit 1956 bis 1967 im Schauspielhaus Zürich: erst waren Oskar Wälterlin, später Kurt Horwitz, Leonard Steckel und Werner Düggelin meine Regisseure. Ich war bei jeder Probe anwesend, es war für die Schauspieler selbstverständlich, daß ich Mit-Regie führte. Wichtig war für mich die Freundschaft mit dem Bühnenbildner Teo Otto. Seit 1952 begann ich auch allein zu inszenieren: zuerst in Bern *Die Ehe des Herrn Mississippi*, dann in Basel und in Bern den *Besuch der Alten Dame*, in Paris *Frank der Fünfte*. In Basel inszenierte ich 1969 *Play Strindberg*. Im gleichen Jahr trennte ich mich vom Basler Theater und kehrte ans Zürcher Schauspielhaus zurück; ich trat seinem Verwaltungsrat unter der Intendanz von Harry Buckwitz bei. Am Schauspielhaus inszenierte ich Goethes *Urfaust* (unter Einbeziehung des Volksbuches vom Doktor Faustus), Büchners *Woyzeck* und Lessings *Emilia Galotti*, von eigenen Stücken das *Porträt eines Planeten* und für ein Tourneetheater die *Physiker*. 1973 kam es zur Uraufführung meines *Mitmachers*. Der Regisseur zog sich drei Tage vor der Premiere als der Klügere zurück, ich setzte auf Bitten der Direktion die Proben fort; ihr ging es um die Termine, mir um das Stück. Auch Durchfälle haben ihre Dramaturgien. Mir wurde klar, daß ich mich im Theater ins Abseits gespielt hatte. Die Regisseure, einst meine Lehrer, dann meine Mitarbeiter, waren gestorben, auch Teo Otto und viele Schauspieler, für mich wichtig wie für einen Maler bestimmte Farben. Dazu kam, daß meine Vorstellung, die ich von der Bühne hatte, auf einer Tradition beruhte, die verlorengegangen war. Eine neue zu schaffen oder mich an eine neue zu gewöhnen, fehlte mir die Zeit. Und weil auf meiner Leidenschaft, nur ins Theater zu gehen, wenn ich unbedingt mußte, das heißt fast nie, meine Leidenschaft beruhte, hin und wieder ein Stück zu schreiben, kannte ich das moderne Theater auch nicht. Inzwischen habe ich meine Leidenschaften nicht geändert, wohl aber änderten sich die Umstände. Das alte Schauspielhaus, einst ein Privatunternehmen, wurde als Theater einer Stadt immer mehr zur Institution und erstarrte. Wie die anderen deutschen Bühnen erstickte es in den Subventionen: Sein Leben wurde künstlich erhalten. Zwar inszenierte ich den *Mitmacher* ein halbes Jahr nach seinem Zürcher Durchfall in Mannheim und stellte während dieser Inszenierung die Endfassung des Stückes her, aber den Glauben, mich als Mitglied eines subventionierten Theaters integrieren zu können, hatte ich verloren, und auch die Lust, als Gespenst einer vergangenen Zeit herumzugeistern. Ich begann, mich der Prosa zuzuwenden: Aus meinen Erfahrungen mit dem *Mitmacher* entstand der *Mitmacher-Komplex,* in welchem ich nicht nur den dramaturgischen ›Hintergrund‹ des Stückes beschrieb, die Gedankenwelt, die es hervorbrachte, sondern auch die subjektiven Erlebnisse, die auf dem Umweg über die ersten Seiten einer Novelle (*Smithy*) zum Stück und nach dem Stück zur Vollendung dieser Novelle führten; sie wiederum löste eine der für mich wichtigsten Erzählungen aus: *Das Sterben der Pythia,* bei der ich die auf Monologen beruhende Technik des *Mitmachers* anwandte; daß diese Erzählung auch meine Auseinandersetzung mit Brecht darstellt, sei nur erwähnt. Ich bin nicht ein Schüler Brechts, seine Irrtümer waren nie die meinen, ich irre mich anders. Der Bühne wandte ich mich mit der *Frist* gleichsam ›aus dem Sarg‹ zu. Die Neugier, wie es einmal mit mir ohne mich weitergehe, war zu groß. Was die Regisseure aus diesem Stück machten, bestätigte mir, daß ich keine Regisseure mehr hatte. Allzusehr beschäftigt mit den *Stoffen,* einem Prosawerk, an dem ich – immer wieder unterbrochen – seit 1968 arbeite, das den Zusammenhang zwischen Leben, Erlebtem, Phantasie und den daraus entspringenden Stoffen untersucht, konnten mich meine Bühnenschicksale nicht mehr beeindrucken. Doch verläuft das Schreiben wie jedes geistige Arbeiten selten nach Plan, es gehorcht den Gesetzen des Atmens; und der Wunsch, hin und wieder mal etwas Neues anzufangen, ist stärker als jeder Vorsatz. Die Versuchung, die man hinter sich glaubt, verlockt von neuem: Wer einmal für die Bühne schrieb, wird immer wieder für sie schreiben. Ungeschriebene Stoffe beschäftigen mich weiter, ungelöste Probleme lassen mich nicht in Ruhe. So inszenierte ich 1978 im Theater in der Josefstadt den *Meteor,* allein weil bei der Uraufführung 1965 der Schluß nicht gelöst war; in Wien löste ich das Problem. 1979 schrieb und inszenierte ich für Egon Karters Gastspieltheater Basel die *Panne,* weil mich der 1956 als Hörspiel und Novelle geschriebene Stoff noch immer beschäftigte. Vor allem aber, weil ich heute im unsubventionierten Tourneetheater das ehrlichste Theater erblicke: mein Weg zurück zu Striese. Ich blicke denn beruhigt und beunruhigt zugleich in die Zukunft. Mein Pech, von der Prosa auf die Bühne und von der Bühne auf die Prosa geworfen zu werden, bleibt mir treu. Das Glück, wie Odysseus zwischen Scylla und Charybdis hindurchsegeln zu können, kommt mir nicht zu. Ich schlage mich schon wieder mit einem neuen Stück für das Gastspieltheater herum: mit der ›Friedhofskomödie‹ *Die Sekretärin,* und es mahnt mich das Gewissen, die schon häufig für abgeschlossen gehaltenen *Stoffe* endlich abzuschließen, auch meldet sich mein noch nicht geschriebenes Lieblingsstück *Der Tod des Sokrates.* Doch bevor mich mein Schiff diesem Ziel nähersteuert, muß ich

– hilflos an den Mast der Pflicht gebunden, eine leider vielbändige Werkausgabe vorzubereiten – außerdem den Sirenenklängen des Diogenes-Verlages widerstehen, einen neuen Roman zu schreiben. Wen wundert's da, daß ich mich manchmal zur Staffelei schleiche?«

Anhang

Nachweis

›Die Freier‹. *Lustspiel von Eichendorff.* Stadttheater Basel. ›Die Nation‹, Bern, 28. Mai 1947.

›Die Märtyrer‹. *Drama von Albert Steffen.* Stadttheater Basel. ›Die Nation‹, Bern, 24. September 1947.

›Die Zeit des Glücks‹. *Lustspiel von Marcel Achard.* Stadttheater Basel. ›Die Nation‹, Bern, 1. Oktober 1947.

›Hamlet‹. *Tragödie von Shakespeare.* Stadttheater Basel. ›Die Nation‹, Bern, 5. November 1947.

›Der Doppeladler‹. *Schauspiel von Jean Cocteau.* Stadttheater Basel. ›Die Nation‹, Bern, 12. November 1947.

›Bernarda Albas Haus‹. *Schauspiel von Federico Garcia Lorca.* Stadttheater Basel. ›Die Nation‹, Bern, 26. November 1947.

Anmerkung zu Schillers ›Räubern‹. Stadttheater Basel. ›Schweizer Rundschau‹, Solothurn, April 1948. Auch in *Theater-Schriften und Reden*, Verlag der Arche, Zürich 1966. [Im folgenden zitiert als *TR*]

Brief über Graf Öderland. 1951. Aus: Hans Bänziger, *Frisch und Dürrenmatt*, Francke Verlag, Bern ⁷1976.

Eine Vision und ihr dramatisches Schicksal. Zu ›Graf Öderland‹ von Max Frisch. Schauspielhaus Zürich. ›Die Weltwoche‹, Zürich, 16. Februar 1951. Auch in *TR*.

›Die Räuber‹. *Schauspiel von Schiller.* Schauspielhaus Zürich. ›Die Weltwoche‹, Zürich, 14. September 1951. Auch in *TR*.

›Die beiden Veroneser‹. *Komödie von Hans Rothe.* Schauspielhaus Zürich. ›Die Weltwoche‹, Zürich, 21. September 1951. Auch in *TR*.

›Die Dame ist nicht fürs Feuer‹. *Komödie von Christopher Fry.* Schauspielhaus Zürich. ›Die Weltwoche‹, Zürich, 5. Oktober 1951. Auch in *TR*.

›*Der Teufel und der liebe Gott*‹. *Schauspiel von Jean-Paul Sartre.* Schauspielhaus Zürich. ›Die Weltwoche‹, Zürich, 9. November 1951. Auch in *TR.*

›*Tartuffe*‹. *Lustspiel von Molière.* Schauspielhaus Zürich. ›Die Weltwoche‹, Zürich, 23. November 1951. Auch in *TR.*

›*Tanz ums Geld*‹. *Komödie von Silvio Giovaninetti.* Schauspielhaus Zürich. ›Die Weltwoche‹, Zürich, 14. Dezember 1951. Auch in *TR.*

›*Nathan der Weise*‹. *Drama von Lessing.* Schauspielhaus Zürich. ›Die Weltwoche‹, Zürich, 28. Dezember 1951. Auch in *TR.*

›*Die kleine Niederdorf-Oper*‹. *Von Walter Lesch und Paul Burkhard.* Schauspielhaus Zürich. ›Die Weltwoche‹, Zürich, 11. Januar 1952. Auch in *TR.*

›*Wilhelm Tell*‹. *Schauspiel von Schiller.* Schauspielhaus Zürich. ›Die Weltwoche‹, Zürich, 25. Januar 1952. Auch in *TR.*

›*Die Zähmung der Widerspenstigen*‹. *Komödie von Shakespeare.* Schauspielhaus Zürich. ›Die Weltwoche‹, Zürich, 8. Februar 1952. Auch in *TR.*

Offener Brief des Schriftstellers Friedrich Dürrenmatt an den Theaterkritiker Friedrich Dürrenmatt, Ferdinand Bruckners ›*Pyrrhus und Andromache*‹ *betreffend.* Schauspielhaus Zürich. ›Die Weltwoche‹, Zürich, 22. Februar 1952. Auch in *TR.*

›*Weh dem, der lügt*‹. *Lustspiel von Grillparzer.* Schauspielhaus Zürich. ›Die Weltwoche‹, Zürich, 14. März 1952. Auch in *TR.*

›*Liebe, Freundespflicht und Redlichkeit*‹. *Komödie von Francisco de Medrano.* Schauspielhaus Zürich. ›Die Weltwoche‹, Zürich, 25. April 1952. Auch in *TR.*

›*Der fröhliche Weinberg*‹. *Lustspiel von Carl Zuckmayer.* Schauspielhaus Zürich. ›Die Weltwoche‹, Zürich, 9. Mai 1952. Auch in *TR.*

›*Gespenstersonate*‹. *Kammerspiel von Strindberg.* Schauspielhaus Zürich. ›Die Weltwoche‹, Zürich, 23. Mai 1952. Auch in *TR.*

Zweimal Shakespeare. Zu zwei Aufführungen im Rahmen der Juni-Festspiele. Schauspielhaus Zürich. ›Die Weltwoche‹, Zürich, 13. Juni 1952. Auch in *TR.*

Plauderei über Kritik vor der Presse. 1966. Aus: *Dramaturgisches und Kritisches, Theater-Schriften und Reden II,* Verlag der Arche, Zürich 1972.

Zum siebzigsten Geburtstag von Elisabeth Brock-Sulzer. ›Die Tat‹, Zürich, 20. Januar 1973.

Friedrich Dürrenmatt interviewt F. D. Aus: *Friedrich Dürrenmatt zum 60. Geburtstag am 5. Januar 1981,* Reiß Verlag, Basel 1980.

Friedrich Dürrenmatt
im Diogenes Verlag

● **Das dramatische Werk**
in 17 Bänden:

Es steht geschrieben / Der Blinde
Frühe Stücke. detebe 250/1

Romulus der Große
Ungeschichtliche historische Komödie.
Fassung 1980. detebe 250/2

Die Ehe des Herrn Mississippi
Komödie und Drehbuch. Fassung 1980.
detebe 250/3

Ein Engel kommt nach Babylon
Fragmentarische Komödie. Fassung 1980.
detebe 250/4

Der Besuch der alten Dame
Tragische Komödie. Fassung 1980.
detebe 250/5

Frank der Fünfte
Komödie einer Privatbank. Fassung 1980.
detebe 250/6

Die Physiker
Komödie. Fassung 1980. detebe 250/7

Herkules und der Stall des Augias
Der Prozeß um des Esels Schatten
Griechische Stücke. Fassung 1980.
detebe 250/8

Der Meteor / Dichterdämmerung
Nobelpreisträgerstücke. Fassung 1980.
detebe 250/9

Die Wiedertäufer
Komödie. Fassung 1980. detebe 250/10

König Johann / Titus Andronicus
Shakespeare-Umarbeitungen. detebe 250/11

Play Strindberg / Porträt eines Planeten
Übungsstücke für Schauspieler.
detebe 250/12

Urfaust / Woyzeck
Bearbeitungen. detebe 250/13

Der Mitmacher
Ein Komplex. detebe 250/14

Die Frist
Komödie. Fassung 1980. detebe 250/15

Die Panne
Hörspiel und Komödie. detebe 250/16

Nächtliches Gespräch mit einem verachteten Menschen / Stranitzky und der Nationalheld / Das Unternehmen der Wega
Hörspiele und Kabarett. detebe 250/17

● **Das Prosawerk**
in 12 Bänden:

Aus den Papieren eines Wärters
Frühe Prosa. detebe 250/18

Der Richter und sein Henker
Der Verdacht
Kriminalromane. detebe 250/19

Der Hund / Der Tunnel / Die Panne
Erzählungen. detebe 250/20

Grieche sucht Griechin / Mr. X macht Ferien / Nachrichten über den Stand des Zeitungswesens in der Steinzeit
Grotesken. detebe 250/21

Das Versprechen / Aufenthalt in einer kleinen Stadt
Ein Requiem auf den Kriminalroman und ein Fragment. detebe 250/22

Der Sturz / Abu Chanifa und Anan Ben David / Smithy / Das Sterben der Pythia
Erzählungen. detebe 250/23

Theater
Essays, Gedichte und Reden. detebe 250/24